余《ヨ》ハ此《コ》處《コ》ニ居《ヲ》ル

家康公は久能にあり

興津《おきつ》 諦《あきら》

静岡新聞社

久能山東照宮楼門と「東照大権現」の扁額（後水尾天皇の揮毫）

久能山東照宮社殿（国宝）

久能山東照宮社殿（国宝）

久能山東照宮神廟（国指定重要文化財）

日光東照宮奥宮御宝塔（国指定重要文化財）

家康公の墓所はどこだ
奥宮
日光
謎の柩
遺言
久能山から日光へ
勧請（分霊・分祀）せよ
久能山から謎の柩が日光へ！
確かに運ばれたのだが…
謎の柩を納めた所は奥宮《おくみや》。
「廟」とは呼ばれていない
我を久能山に葬れ
←我が体を西に向けよ
遺言
久能山に廟（墓所）を築け
照久は常に久能山にいて
廟の我に仕えよ

※『本光国師日記』『寛永諸家系図伝』ほかによる
作図・肖像画とも著者

江戸
生涯久能山にいて
廟の家康公に仕えた人
榊原照久←
京都
岡崎

徳川宗家ご当主による久能山神廟への墓参
平成 27 年 4 月 17 日久能山東照宮御鎮座四百年大祭における例祭後の墓参の様子。毎年 4 月 17 日の家康公の命日には、社殿で例祭が斎行された後、このように墓参りが行われている

まえがき

はるか飛鳥時代の昔より駿河《するが》の国府が置かれたのが駿府《すんぷ》の町で、徳川家康公もここに育ち、晩年は大御所として国政の府としましたが、明治以降には、周辺の村や町や清水《しみず》市が併合され、南アルプスから富士川右岸までという広大な静岡市になりました。

駿府城のある静岡平野や三保の半島は市を貫く安倍川《あべかわ》によって形作られたもので、その急流は、標高約千メートルの源流域にあって古墳時代から知られるという梅ヶ島《うめがしま》温泉のあたりから、約五十キロメートルをダムなしで一気に駿河湾に注ぎます。

静岡平野の海寄りにある標高三百メートルほどの丘陵が有度山《うどやま》で、その一番高いところにあって清水港と富士山を望むのが日本平《にほんだいら》、そして、日本平の南側に聳《そび》えるのが、標高約二百メートルの久能山《くのうざん》です。

久能山の山頂近くにあるのが久能山東照宮《くのうざんとうしょうぐう》で、その尊さを広く読者の皆さんに知っていただきたいと考えてまとめたのが本書です。

日本平とともに、久能山もまた絶景スポットです。海側に面した石鳥居をくぐって石段を上るにしたがって、駿河湾と伊豆《いず》半島を望む視界が開けてきます。海の色は日によって変わりますが、天気が良ければ色鮮やかで深く吸い込まれそうなディープブルーの駿河湾を目にすることができます。

そのどこまでも深い青には、駿河湾が日本で一番深い湾だからという理由もあります。

我を忘れて海の色に見惚《みと》れるだけでも久能山に登る価値は十二分にありますが、その石段の重厚で立派なことにも驚きます。

国指定の史跡になっている石段は、久能山に登るためにある大建造物で、ここが他のどこよりも尊い城であることを感じさせてくれます。

お城ブームということで、久能山もそこに加えてほしいところですが、久能山にあるのは城ではなく、東照宮という名の神社です。

ここが神社になったのは、二百五十年以上もの永い平和の時代を築いた徳川家康《とくがわいえやす》公の尊体（遺骸）が山頂近くに埋葬され、その霊《たましい》を神として祀《まつ》ったことに始まります。

ところが埋葬された翌年、家康公の体は、遠く関東平野の最北にある日光山に改葬されたと信じられるようになってしまいました。

「いや、改葬はされていない。家康公は今も久能山に眠っている」

そう考える人がいなかったわけではありませんが、久能山を擁する静岡市でも、多くの人が「日光へ改葬された」と思い込んできたのです。

その思い込みは間違いだったのではないかと、改めて歴史を見直そうという機運が生まれたのは、家康公が亡くなって四百年近くが経った平成の時代のことで、その声を最初に上げたのが、久能山東照宮で「宮司《ぐうじ》さん」と呼ばれている落合偉洲《おちあいひでくに》宮司でした。

宮司さんは神道学の論文も多数書いてこられた学者であり、國學院《こくがくいん》大學で教鞭もとってこられ、神社本庁で総務部長、渉外部長などを歴任後、平成十一年、五十一歳のとき、ここ久能山東照宮に権宮司《ごんぐうじ》として赴任され、三年後の平成十四年に、松浦國男前宮司の後継として就任されました。今年の三月で、奉職して満二十年となられました。

宮司さんは久能山東照宮の一番高いところにある神廟の宝塔の前に立ち、「ここに家康公が眠っている」と声を上げてくれたのです。それは宮司になられてまだ間もないころのことでした。

宮司さんはその宝塔の中にも入られたそうです。入ったことのあるのは宮司さんだけということのようですから、なんとも羨ましい限りです。

宝塔の中に何があったかというと、四角い厨子《ずし》（中に仏像などを安置する箱）があって、その中央に、寄せ木で造られた家康公の小さな木像が置かれていました。それはよく目にするあの肖像画にもよく似た、着彩された坐像だそうです。

そして坐像を挟むようにして二つの像が並んでいました。一つは山王権現《さんのうごんげん》で、もう一つは摩多羅神《またらじん》だろうということです。

山王権現は、天台宗寺院や日吉大社に祀《まつ》られ、久能山東照宮境内の日枝《ひえ》神社にも祀られている神仏習合の神さまです。

摩多羅神も天台宗、比叡山延暦寺の常行三昧堂《じょうぎょうざんまいどう》に祀られている守護神です。

東照大権現《とうしょうだいごんげん》という神になった家康公は「薬師如来《やくしにょらい》が人となってこの世に現れたもの」という信仰に支えられてきたのですが、明治時代になって「神と仏はまったく別のものだから一緒にしてはいけない」ということになりました。

それから百五十年も経った現代の価値観からすると、「神であると同時に仏でもあるのが東照大権現である」という説明をすんなり理解するのは難しいかもしれません。でもそれこそが、日本で千年以上にわたって続いてきた神仏習合という信仰のあり方だったのです。現代人である私たちも改めてそう理解するしかないでしょう。

そして徳川家康公の「尊体」ですが、その宝塔の下も下、地中のかなり深いところに埋葬されているはずです。

「尊体」は、わかりやすくいうと「遺骸」であり、元和二年（一六一六）四月十七日に駿《すん》府城《ぷじょう》で薨去《こうきょ》（逝去）した家康公の体そのものが、久能山東照宮神廟の宝塔の地中深くに埋葬されているということになります。

その家康公の霊が神さまとなって「東照大権現」となり、その神霊は全国各地の東照宮に分祀《ぶんし》されています。

宮司さんが初めて宝塔を開き中を拝まれたとき、「ここには確かに家康公が眠っているに違いない」と直感されたそうです。

その一方で、私たち日本人一般の認識はどうかといえば、「家康公はいったん久能山に埋葬され、翌年には日光へと運ばれてしまった、だから家康公のお墓は日光であって久能山ではない」と、考える人がほとんどでしょう。

なぜならそれが「通説」となっていたからであって、通説になった理由は、日本史の専門家の研究でそう結論（あるいは推論）せざるを得ないような史料が多かったためです。

代表的なものは、久能から日光へ向かう大行列に同行した烏丸光広《からすまるみつひろ》の『東照宮渡御記』（元和三年、『御鎮座之記』『日光山紀行』とも）、徳川幕府の公式記録である『東武実録《とうぶじつろく》』（貞享元年）や『徳川実紀《とくがわじっき》』（天保十四年）です。

『東照宮渡御記』は「尊体を移し奉る」という言葉で始まります。

そして『東武実録』には「大権現を改め葬る」という言葉が出てくるのです。

初めに結論をはっきりさせておきますが、『東照宮渡御記』や『東武実録』など、江戸時代文献に「改葬」などと記述されてはいても、それはどうやら事実ではないということがわかってきました。

もし本当に「改葬」であるなら、久能山の尊体、つまり、一年前に埋葬された家康公の遺骸を地中深くから掘り出して日光まで運んで行ったということになるのですが、それとは大きく矛盾する事実がいくらでも出てくるからです。

「久能山には遺骸はない」というのが今まで世間での通説でしたが、それまでの沈黙を破り、通説を少しずつ変えてこられたのが宮司さんです。

宮司さんは各地で講演され、「家康公が亡くなって二十四年も経ってから、久能山には巨石をたくさん使った巨大な宝塔が築かれています。なによりもこれが決定的な証拠です。家康公は今も久能山に眠っておられますよ」と語り、それを裏づけるさらにいくつかの根拠を私たちに示してくれました。

本書は、これまで宮司さんが話してこられた内容を下地に、私が記者兼編集者として、平成二十六年から二十八年にかけて、久能山の事実を広く知ってもらうために発行してきた『季刊すんぷ』の取材と編集を通じてわかってきた様々な事実をまとめました。さらに本書で浮上した新たな事実も加えています。

史料を引用・転載する際には正字（旧漢字）や歴史的仮名遣いをなるべく原文に近い形で

用い、それ以外では、人名や書名なども含めて、常用漢字と現代仮名遣いを用いて、広く読者に読みやすくするように心がけます。

平成三十一年は四月三十日をもって終わり、五月一日から令和という新しい時代が始まりました。『季刊すんぷ』の創刊から五年が経ち、この間にも一つ、また一つと、事実を知る手がかりは増えつづけています。

その様々な手がかりを、これからじっくりとご覧いただきたいと思います。

令和元年十二月

日本平ロープウェイの日本平駅から望む久能山と駿河湾

余《ヨ》ハ此處《ココ》ニ居《ヲ》ル　家康公は久能にあり　もくじ

行くに行けない久能山

ロープウェイで行く久能山

久能山東照宮は、東照大権現という神となった徳川家康公を祀った神社です。東照宮といえばまず日光が思い浮かぶという方が多いかもしれませんが、全国に数ある東照宮のうち一番最初に家康公を祀ったのが、久能山東照宮です。

日本で有名といえば有名ですし、ご存じの方も少なくないでしょう。境内はいつも大勢の参拝客でにぎわっていて、海外からの観光客も目立ちます。

一番よく見えるのは台湾からの観光客です。私も昔台湾に住んでいたことがあって多少は中国語（北京語、台湾の公用語）ができるので、なぜそんなに有名になったのか聞いたことがあります。

四十歳手前ぐらいの男性だったと思います。質問に、

「いや、有名とはいえませんね」

とあっさり答えられてしまいました。ちょっとがっかり。

じゃあどうして毎日のように台湾から観光客が来るのかと聞いてみると

「ツアーコースに入っているからでしょう」

とのことでした。

海外からの観光客は久能山の北側にある日本平《にほんだいら》から「日本平ロープウェイ」で久能山を訪れる団体が多いのですが、名勝日本平とロープウェイのゴンドラ、久能山東照宮がワンセットで、旅行客はもちろん旅行会社にとっても魅力的な観光スポットになっているようです。

ロープウェイで来ることができるということを先に書きましたが、まず注意していただきたいのは、久能山東照宮の地理的条件です。

標高二百メートルちょっとの久能山のほぼ山頂付近にあるのが久能山東照宮です。

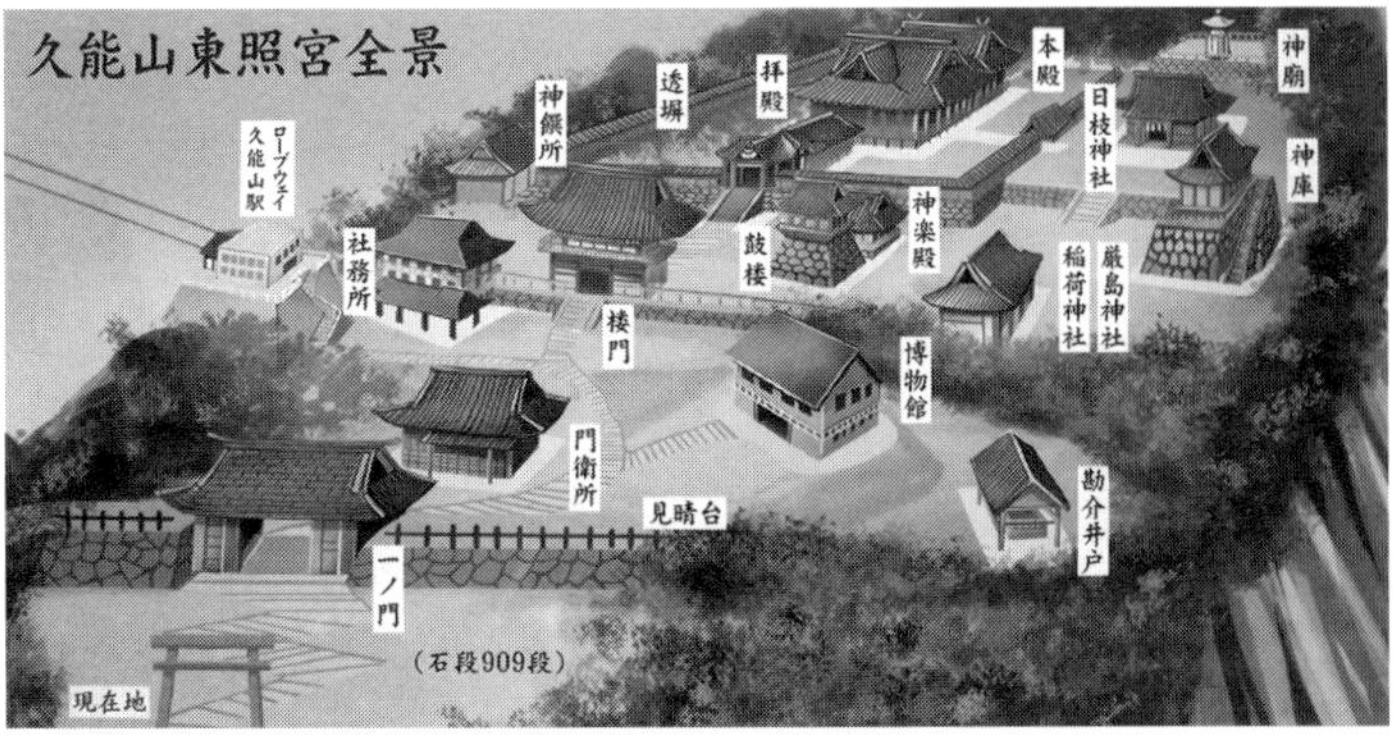

石段の登り口にある境内の案内図

そのアクセス方法は、久能の海岸近くから十七曲がり千百五十九段もあって、上るほどに急になるきつい石段か、あるいは、日本一の絶景として知られる標高三百メートルほどの日本平まで車かバスで来て、そこからロープウェイを使うかの二つしかありません。

「ロープウェイがあるなら楽に行けるだろう」と思われるかもしれませんが、日本平駅、久能山駅ともに階段があります。

特に久能山駅が大変で、駅に着いて東照宮境内に入るまでには、ビルにして4階から5階ぐらいの高さから階段を下りなければなりません。帰りはもちろんそれを上ることになります。バリアフリーとはあまりにほど遠いので、車椅子などで生活している方々にも来ていただけるよう、一日も早い対策を望みます。

それでもなんとか千段以上の石段を回避して久能山にアプローチできるのがロープウェイなのですが、困ったことに、悪天候などで運休になってしまうことがあります。

平成二十八年の春の例祭のときには田辺信宏静岡市長をはじめ大勢の参列者が集まりましたが、その後で強風を伴う大雨となり、昼ごろにはロープウェイが運行停止となってしまいました。

市長を含め、午後に予定のあった忙しい皆さんは、強風で傘も役に立たない中、石段をずぶ濡れになって強行下山されました。

郵便も宅配も来ない久能山東照宮

それほどまでに大変なところにあるのが久能山東照宮ですが、その大変さが一番よくわかる例が、「久能山東照宮には郵便も宅配も来ない」という事実です。

日本全国どこでも配達してくれる郵便屋さんと宅配業者さんですが、毎日参拝客の押し寄せる久能山東照宮なのに、そのどちらも来てはくれないのです。

ではどうやって郵便物などが届くのかというと、「山下《やました》」と呼ばれる久能山のふもとまで配達された郵便物や荷物を、久能山東照宮の神職さんたちが石段を上って運んでいます。大きな荷物の場合には、ふもとと結ばれている重い荷物専用の「索道《さくどう》」を使って社務所近くまで上げています。

この「索道」というのは、カタカナで言う「ロープウェイ」です。ちなみに「ロープウェイ」を中国語では「索道（スオタオ）」と言います。ですから「索道」も「ロープウェイ」も基本的に同じなのですが、荷物を運ぶ索道はコンテナ車のようなもので、日本平から人を運ぶ客車としてのロープウェイとは別物ですから、たとえ乗ってみたいと思っても、その機会はないと思います。

宅配業者さんや売店への納品の業者さんなどは、山下の索道基地で品物をゴンドラに載せ、内線電話で社務所に連絡すると山上で索道を動かす仕組みになっています。

というわけで、地理的にそこまで大変な条件にありながら、静岡市で一番というぐらいに参拝客の絶えないのが久能山東照宮です。

これがもし平地だったらさらに大勢が押し寄せることでしょうけれども、現実には急峻な山の上で、さも「安易な参詣は許さんぞ」と、家康公に言われているかのようです。

一般の参拝は禁じられていた

実のところ、「御尊体（徳川家康公のご遺骸）は日光に運んでしまって久能山には何もない」と思わせておいた方が参拝したいと考える人が少なくなって、幕府には好都合だったということもあるのかもしれません。

江戸時代の久能山は、極彩色の社殿が完成してからも、誰でも参拝できたわけではなく、常に厳重に警備されていて、庶民は年に何回かの御祭礼の日だけしか久能山に登ることはできなかったといいます。

お武家さまが参拝に訪れても、楼門のところで履物を脱いで、参道の右端を裸足で歩いて参拝したといわれています。その様子が、おそらく幕末か明治初頭ごろと思われる写真（下）にも残っています。

一方の日光は、関東平野の最北にあって、車を横づけできるほどにアクセスが容易です。地形に関しては江戸時代も現代も変わりはありません。「行くに行けない久能山」

武士らしき人が二人写っている幕末ごろの久能山東照宮の写真（『敷島美観』より）

に対して「みんなで行こう日光山」です。特に三代将軍徳川家光《いえみつ》公が行った寛永《かんえい》の大造替《だいぞうたい》で立派になった日光東照宮には、民衆が大挙して参拝に訪れました。

さてここまで久能山が行くに行けない話ばかりを書いてきましたが、「それじゃあ行くのをやめよう」なんて思われたら困るので、千百五十九段の石段の所要時間について触れておきます。

まず、体力に自信のある方、日ごろから坂道や階段を上り下りしている方であれば、おそらく何の問題もなく登れます。すごく速い人なら十分ぐらい、普通に速い人で十五分もかからないでしょう。

次に、体力に全然自信のない方、運動不足で筋肉も落ちているという方、あるいはご高齢の皆さ

国宝 久能山東照宮社殿（拝殿）

んでしたら、とにかくゆっくり行くことを心がけてください。十七曲がりのつづら折りになっていますので、折り返しごとに休憩を取るぐらいのペースがいいと思います。ゆっくりしながらでも、三十分ぐらいで登れると思います。

もちろん、日本平ロープウェイもおすすめです。石段には石段の絶景があり、ロープウェイにもロープウェイでなければ見ることのできない絶景があるからです。

日本平から片道たったの五分で久能山に到着しますが、ゴンドラ内に流れるガイドさんの名調子もぜひ聞いていただきたいと思います。感激して涙するお客さんもいるほどです。

久能山から望む久能いちご海岸、駿河湾、御前崎

この世の極楽と久能山のロケーション

駿河という極楽浄土

ここに室町時代に描かれた有名な絵があります。

富士宮市の富士山本宮浅間《ほんぐうせんげん》大社が所蔵している重要文化財『絹本著色富士曼荼羅図《けんぽんちゃくしょくふじまんだらず》』という絵（次ページ）なのですが、これは富士山信仰の様子を描いたもので、現代人の感覚では「そうだ！富士山に行こう！」という観光ポスターにも見えそうです。

画面の一番上、景色の一番向こう側に巨大な富士山が描かれていて、その山頂は三つの頂になっています。中央が阿弥陀如来、向かって右側が大日如来、向かって左側が薬師如来です。その山頂を目指して人々がうれしそうに登っていく絵になっています。

絵の一番下、この景色の一番手前にあるのが、今のような陸続きの半島になる前の三保の「島」と、家康公も学んだというお寺、清見寺《せいけんじ》です。

清見寺は臨済宗のお寺で、今も静岡市清水区の興津《おきつ》というところにあって、家康公が学んだ部屋も残されています。

ちなみに、静岡浅間《せんげん》神社の北の方にある臨済寺にも家康公が学んだ部屋「手習いの間」が残っています。臨済寺の公開は年に二回だけで、普段は駿府城公園の巽櫓《たつみやぐら》の中にあるレプリ

『絹本著色富士曼荼羅図』（富士山本宮浅間大社所蔵）

カの部屋を見ることになりますが、清見寺はいつでも見せてもらうことができます。

今は門前が鉄道と道路になっている清見寺ですが、これがなかったころを想像してそこに立つと、清水港と三保《みほ》を見渡す絶景の名刹だったことがうかがえます。

清見寺のその先には駿河湾に注ぐ富士川があり、川の向こう岸となる富士山側には、人々が身を清める湧玉池《わくたまいけ》とともに富士山本宮浅間《せんげん》大社が描かれています。湧玉池は今でも豊かな湧き水に満たされ、見事に澄みきった美しい池です。浅間大社とこの湧玉池を見ただけでも、駿河国が今でも極楽浄土であることを感じさせてくれます。

この絵では、富士山を登るに従ってさらに極楽浄土に近づくことができるという意味になっていますが、描かれた三保、清水港から富士山頂までの景色全体が、極楽浄土そのものの景色を伝えていると見ることもできます。

平安時代に始まったとされる庭の様式に「浄土式庭園」があります。それは島が浮かんだ池のほとりに寺院が建つ構成になっていて、この絵に描かれたような極楽浄土を人工的に再現しようとしたものだそうです。

人工ではなく、現実に存在しているのがこの絵に描かれた駿河の極楽浄土です。浄土式庭園での「寺院」に相当するのが富士山、「池」が駿河湾、「島」が三保というわけです。

極楽を望む日本平

どこに行けばこの「駿河の極楽」が見られるのでしょう。静岡市の駿河区と清水区の間に有度山《うどやま》という丘陵があります。久能山もその一部なのですが、一番高いところは標高約三百メートルの日本平《にほんだいら》という名勝として知られています。

極楽浄土はこの日本平から眺めることができます。

日本平は平成三十年、「夢テラス」と名づけられた無料の展望施設が完成し、訪れる人が増えてきています。「駿河の極楽」を望むには最高の建物だと思います。

近くの日本平《にっぽんだいら》ホテルにも是非泊まってみてください。「駿河の極楽」を望む側が全面ガラス張り。レストランや客室までもがガラス張りですから、ほとんどの部屋が絶好の撮影ポイントとなるはずです。

ただ念のため書いておかなければなりませんが、富士山が見えるかどうかというのは天候次第です。一泊の滞在で見えることもあれば、一週間滞在して一度も見えないこともあります。見える確率の高いのは、十二月から二月ごろの一番寒い季節のようです。

よく晴れた日に日本平に登って富士山を拝むと、手前に見える清水港の入り江と、松原に覆われた三保の半島、そして南に広がる駿河湾は本当に美しく感動的な景色です。

日本平から望む駿河の極楽浄土

スルガという語の意味？

静岡県立大学名誉教授の高木桂藏《たかぎけいぞう》先生からいただいた原稿を拝読して知ったことですが、「駿河」という土地の名前は、インドネシアやポリネシアにある「スルガ」という言葉に通じるとのことです。

グーグル翻訳でインドネシア語を調べてみますと、「Ｓｕｒｇａ」という言葉の意味は「天国」となっています。発音も聞いてみると女性の声で確かに「スルガ」と発音しています。

日本の本当に古い地名は、なにも漢字から決められたものばかりではありません。まだ文字を使わなかった時代にそう呼ばれるようになったものが、後の時代になってから漢字を当てて書かれることは普通にあります。

その中に、インドネシアなどの言葉がどうして入ってきたのか、あるいは逆に太古の時代に日本から南方へと渡っていった言葉なのかはわかりませんが、「スルガ」という発音の南方の言葉に「天国」とか「極楽」という意味があることと、現実のここ駿河の景色が古くから「極楽浄土の景色」として尊ばれてきたということとの間には、やはり何らかの関係があったのではないかと想像したくなります。

駿河湾と大陸プレート

日本平に来てこの景色を見れば「ウンチク抜きですばらしい景色だ！」と誰の目にもそう感じられることでしょう。でも、あと二つ、大事なウンチクを紹介させてください。

一つめは比較的よく知られている、富士山と駿河湾の高低差についてです。

日本列島の最高峰である三七七六メートルの富士山に対して、その前にある駿河湾は、一番深いところが二四五〇メートルもあって日本一深い湾なのです。海の底はもちろん見えませんが、その落差は優に六千メートルを超えるというわけです。

一番深い湾に浮かんだ一番高い山という、自然が生み出したスケールの大きさを思いながら景色を眺めるのもいいんじゃないでしょうか。

そして二つめのウンチク、これもすごい話です。

というのは、この景色の中には北東の富士山側に「北米プレート」、西側に「ユーラシアプレート」、そして富士山から南側の伊豆半島全体が「フィリピン海プレート」の上に乗っていて、地球の表面を覆う岩盤、プレートがなんと三つもひと目で見渡すことができるのです。

このような「プレート三つ巴」の場所というのは、世界を探してみても陸地上にはほんのわずかしかないようですから、ここは地球規模で貴重なスポットだといっていいでしょう。

ですからどんなに遠くからでも、もちろん地球の裏側からでも、はるばるやって来て見ておく価値があるはずです。

補陀落山久能寺

そして、久能山も極楽駿河にあります。

久能山は、極楽を見渡す日本平の南側、駿河湾にせり出すように聳《そび》えています。

この山に久能忠仁《くのうただひと》（秦久能《はたのくのう》とも呼ばれる）という人が「補陀落山久能寺《ふだらくさんくのうじ》」という立派なお寺を建てたのは、推古天皇の時代、七世紀の飛鳥時代のことです。推古天皇は最初の女性天皇で、聖徳太子に政治を任せたことでもよく知られています。

「久能山」という名前もこの久能寺から来ています。

久能寺には日本の宗教界トップクラスの名僧たちや超セレブな皆さんがぞろぞろやってきてものすごく栄えたそうですが、鎌倉時代の十三世紀に火災で衰退し、十六世紀の戦国時代までくると武田信玄の支配下となり、信玄は久能山から久能寺を下ろして、そこに久能城を築きました。

下ろされた久能寺は、有度山の東側のふもと（今の静岡市清水区村松）に移されました。

江戸時代もしばらくは幕府によって大事にされてきたようですが、幕末までには退廃してしまい、見かねた山岡鉄舟が復興し、名前も「補陀落山鉄舟寺」と変わっています。

鉄舟寺には、国宝である平安時代の『久能寺経』が伝わっていて、現在は東京国立博物館で管理されています。

武田氏は滅亡してしまいましたが、その後久能山は家康公の支配するところとなりました。

久能山の位置

家康公は生前から「久能山は駿府城の本丸」だとして、大御所政治を行った駿府城よりも大事にしなければならないと言っていたようです。

久能山が尊い山であったことは久能寺の隆盛を見ても明らかですが、家康公は久能山という山の何か途方もない重要さを知っていたのかもしれません。

風水もご専門の高木桂藏先生によれば、「久能山は日本の風水起点」だそうです。いったいどういうことか。ここからは高木先生からご教授いただいたことを紹介していきます。

まず上の静岡県地図をご覧ください。

久能山の北東には富士山頂があります。富士山頂から久能山への直線をそのまままっすぐ南西に延ばしていくと、駿河湾の西端となる御前崎《おまえざき》の岬があります。

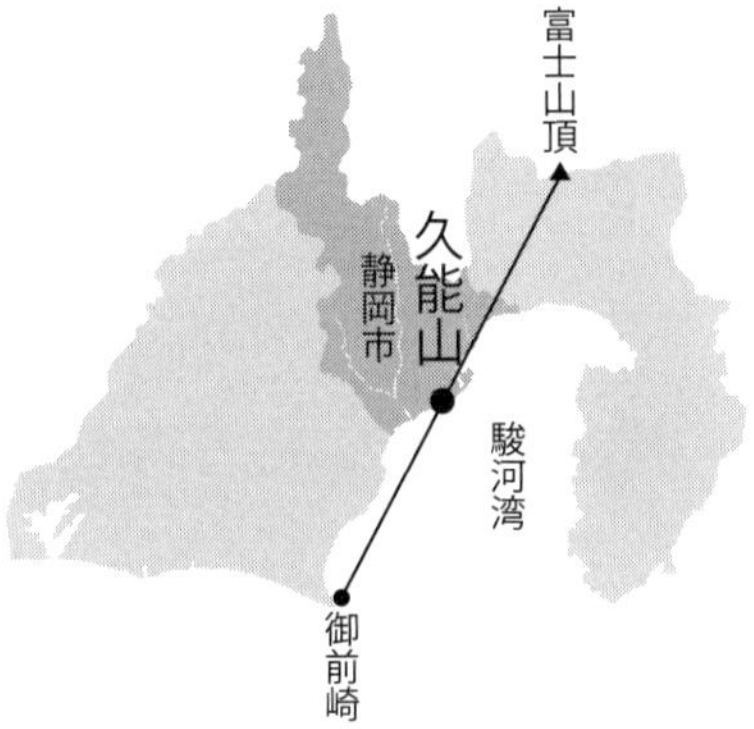

久能山は富士山と御前崎を結んだ直線のほぼ中間に位置しています。

「北東」は日本の風水（陰陽道《おんみょうどう》）で「鬼門」といって、魔が差し込んでくると考えられている方角です。

その方角に大きな富士山があるということは、富士山が「鬼門」を塞いでくれていることになり、とても良い位置関係になるそうです。

そしてその反対側、御前崎のある「南西」は「裏鬼門」といって、これもまた魔が差しこんでくると考えられている方角です。

「富士山が魔除けになっているというのはわかるけど、御前崎はただの岬だから魔除けにはならないんじゃないか？」と、そんなふうにも考えたくなりますがどうでしょう。

御前崎を向いた配置

久能山東照宮の境内の図（下記）をご覧ください。

社殿から楼門への直線が向かう方角、それがちょうどまっすぐ御前崎の方角です。

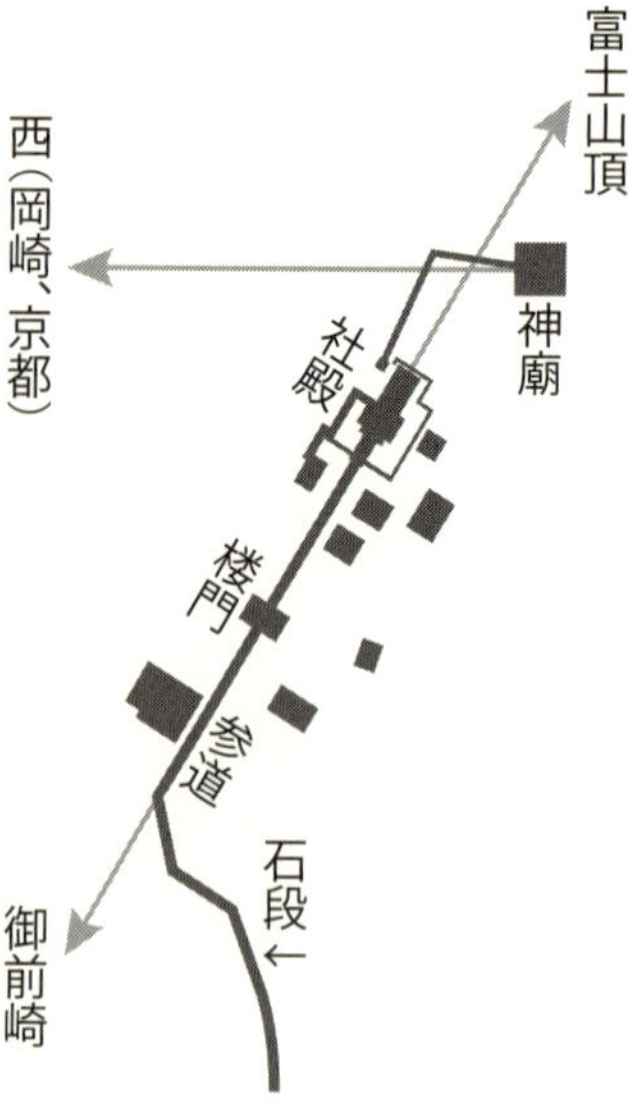

久能山東照宮は、富士山を真後ろにして御前崎を向いて建てられています。

とはいっても、御前崎がどうやって魔を塞ぐのか、それはどう説明できるのでしょう？


下の地図もご覧ください。

御前崎から真西へ、つまり日の沈む方向へと直線を引いていくと、まず伊勢神宮があります。完全な直線上ではありませんが、おおむねその方角にあるということです。

その線をさらに西に延ばすと、奈良県桜井市、大神神社《おおみわじんじゃ》のある三輪山《みわやま》があります。ここは皇室ゆかりの「日本最古の神社」として知られています。三輪そうめんも有名で、おいしいそうめんを食べさせてくれるお店も並んでいます。

そしてさらに西へ向かい、大阪湾を渡ると淡路島があって、この直線上に伊弉諾《いざなぎ》神宮があります。

淡路島は、神話では日本の国生みの島といわれています。イザナギノミコトとイザナミノミコトという神さまが最初に生み出してくれた日本の国土がこの淡路島だとされてい

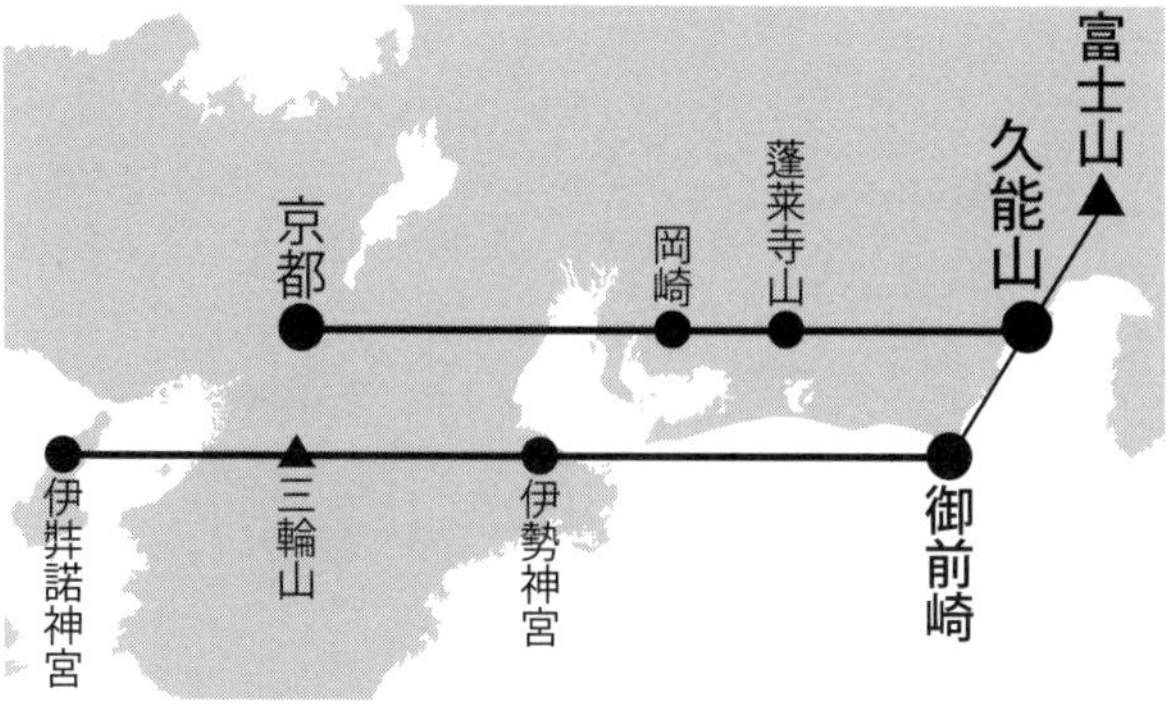

るのです。

大神神社が日本で最古の神社なら、伊弉諾神宮は国土をつくってくれた神さまを祀った神社です。どちらも日本の国にとって極めて重要な神社です。天照大御神《あまてらすおおみかみ》を祀る伊勢神宮の尊さについては説明の必要はないでしょう。

ということで、御前崎〜伊勢神宮〜三輪山〜伊弉諾神宮が東西の直線で結ばれました。さらに西へまっすぐ行くと対馬の海神神社《かいじんじんじゃ》もこの線上にあります。

だから御前崎は何なのだ? 大きな山でもあるのか? と、まだいぶかしく思われるかもしれませんが、伊勢〜三輪山〜淡路に太陽が昇るのはどこでしょう?

淡路→三輪山→伊勢と、西から東に向かっていって、伊勢湾などの浅い海はカウントせず、ユーラシアプレートとフィリピン海プレートの境界でもある深い海から日が昇るのはどこかといえば、駿河湾の西端、御前崎です。

地名「御前崎」の由来

「御前崎」というこの地名については、はっきりした由来はわかっていないといわれています。しかし、日本の神々の中でも特に古くて重要な神々を祀る伊勢～三輪～淡路では、御前崎から日が昇ってくると考えたら、「日本の特別に重要な神々の御前であるぞ」という意味で「御前崎」になったのではないかと想像することもできそうです。

宮司さんは御前崎が久能山東照宮（さらに昔は久能寺）の真正面にあるので「久能山の御前」という意味ではないかと思われたそうです。御前崎に住む宮司さんのお知り合いの方からは、御前崎にある駒形神社の正面の岬だからだという見解も聞かれたそうですが、宮司さんが駒形神社に参拝して正面の岬を眺めたら、やはり久能山の真正面のように見えるとお話されていました。

御前崎が久能山の「御前」であることも間違いないところですが、名前の由来がどうだったとしても、御前崎から伊勢、三輪山、伊弉諾神宮に日が昇ると見ることにさほどの無理はないだろうと思います。

そう見てくると、一見何でもなさそうな御前崎でしたが、何やら大変重大なポイントのように思えてくるのではないでしょうか。
何しろ御前崎から伊勢神宮に日が昇るのです。何しろ三輪山に日が昇り、日本の国を生んでくれたイザナギノミコトに日が昇るのです。そしてとにかく、久能山東照宮もこうして富士山を背負い、まっすぐ御前崎を見据えているわけです。「御前崎が特別なところでないわけがない」と思うしかありません。

久能山から京都に日が昇る

御前崎と同じように、久能山もまた、日が昇るところにあります。

久能寺というお寺もそもそも「補陀落《ふだらく》山久能寺」といって、「補陀落」というのはサンスクリット語の「ポタラカ」という言葉から来ていて、「観音さまが降臨する聖地、霊場」という意味だそうです。

観音さまが好んで降臨するのは特に高いところ、断崖絶壁の上などだそうです。急峻な久能山が「補陀落山久能寺」になったというのも地理的な条件が整っていて、「ここなら観音さまの降臨にふさわしい聖地だ」と、久能寺を建てた久能忠仁は考えたに違いありません（久能寺の由来が書かれた『久能寺縁起』には、もっと超現実的な神話のような伝承が書かれていますが……）。

深い駿河湾に面した久能山から日が昇っていく真西の方角には、これが不思議なのですが、まず蓬莱寺山《ほうらいじさん》があります。

家康公の実母である於大《おだい》の方《かた》が蓬莱寺山で子授け祈願をし、それで家康公が生まれたといわれています。

その先に家康公の生家である岡崎城と、家康公が自分の位牌を立てよと命じた松平家（徳川家）の菩提寺である岡崎の大樹寺《だいじゅうじ》、そしてその真西に京都があります。

このような位置関係にはまだいろいろと興味深いことがあります。久能山の真東にある伊豆の達磨山《だるまやま》火山のこと、久能山から富士山への直線をずっと延長していくと、徳川氏発祥の地といわれる群馬県太田市の世良田《せらだ》東照宮を経て日光東照宮に至ること、その日光から南へ行くと（ちょっとずれてますが）江戸があること、またさらに、駿河湾の東端である伊豆の石廊崎《いろうざき》と御前崎と久能山を結ぶと正三角形になっていること（多少いびつな形をしていますが）……などなど。高木桂藏先生からご教授いただいたことも含め、このように位置関係が思案されるのはどうしてかといえば、それらも日本の風水だということでしょう。

そもそも風水は、今から三千年も昔に中国で始まったもので、風や水の流れに対して位置や方角を適切に決めることによって災いを減らす、というか、防げるかもしれない災いは防ぐよう努めるべきであるという考え方のことです。

それが日本に伝わって独自の発展をしてきたのが日本の風水である陰陽道です。

陰陽道に従った位置関係が実際にどう災いを減らしてくれたのかはわかりませんが、日本平から見る極楽駿河の景色や、観音さまが降臨してもおかしくなさそうに見える聖地久能山など、人間や動物の感性にとって心地よかったり、とても適切に感じたりする場所や配置というのがありそうだといってもいいように思われます。

伊能忠敬が日本全土を測量して正確な日本地図を完成させたのは十九世紀になってからのことですが、その千年以上前からの測量技術でも「真西」や「直線上」はある程度割り出されていたでしょう。あるいは偶然かもしれませんが、今こうして地図で見るとおり、確かにそうした位置関係になっているというのは事実であって、否定しようがないものです。

淡路島に戻って伊弉諾《いざなぎ》神宮へ行くと、比較的新しい石碑（写真）があって、伊弉諾神宮を中心として日本の主だった神々が配置されているという地図が刻まれています。

それも非常に説得力のあるもので、さすが国生みの島だと思わせてくれるものです。

これまで見てきたように、久能山は極めて重要な位置に聳えています。

徳川家康公が「久能山こそ駿府城の本丸」と認識していたとおり、久能山という聖地でなければ果たせなかったことがあったと考えたくなります。

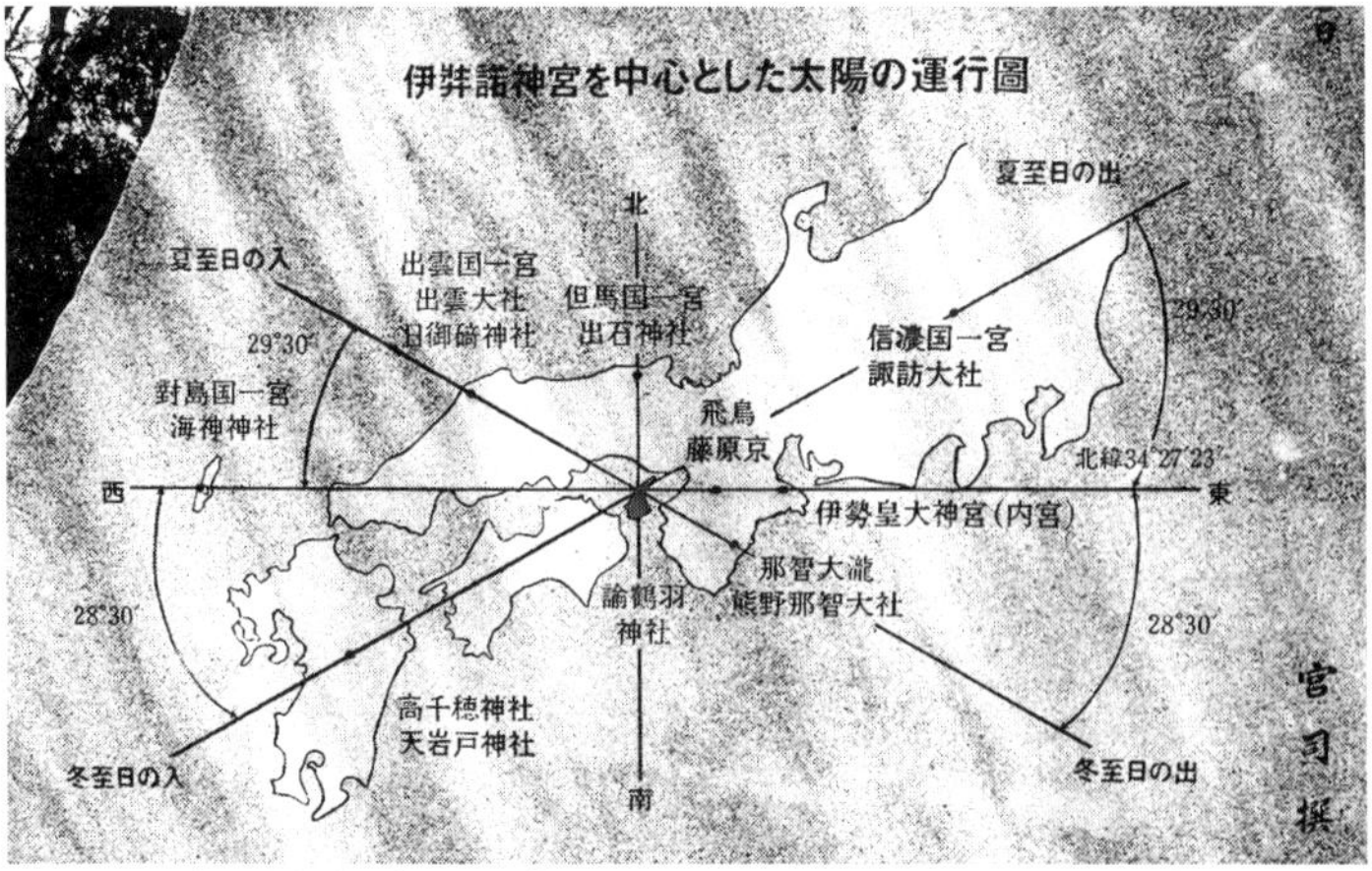

伊弉諾神宮境内にある「伊弉諾神宮を中心とした太陽の運行図」石碑

崇伝が記録した遺言

金地院崇伝の日記

歴史好きの方なら、「駿府の大御所時代」をよくご存じだと思います。

家康公が晩年、駿府（駿河国府中、今の静岡市）の駿府城（今は駿府城公園）に住んでいた時代で、慶長十二年（一六〇七）から元和二年（一六一六）に亡くなるまでのことで、家康公から将軍職を譲られた二代将軍徳川秀忠公が「江戸の将軍」となったのに対して、家康公は「駿府の大御所」として国政の実権を握っていました。

その大御所の側近だった人に、崇伝《すうでん》という臨済宗の僧侶がいます。金地院《こんちいん》崇伝、または以心《いしん》崇伝と呼ばれるのが一般的のようで、当時の後水尾《ごみずのお》天皇から本光《ほんこう》国師《こくし》という名も授かっています。

第二百七十世住職として京都南禅寺の金地院にいましたが、家康公から駿府城に招かれて国政に関わるようになりました。

崇伝が招かれたのは、家康公が駿府城で大御所政治を始めた翌年でしたから、早い時期からずっと駿府で仕えていたことになります。

役職としては、主に外交と宗教が担当でした。いわば「外務大臣」と「宗教大臣」を兼ねていたということですから、まさに国政の中枢にいたことになります。


その崇伝が日記を残しています。

『本光国師日記』と呼ばれる日記には、崇伝自身がやり取りした書状（手紙）をはじめ、当時の家康公や幕府の政策などが詳しく記録されています。

原本は国の重要文化財にもなっていて、江戸時代初期を知る貴重な史料です。

その中に、家康公の埋葬されている墓所がどこなのかを知る上で最も重要な史実が書かれているのです。


それは、家康公が側近たちに告げた遺言（遺命）です。『本光国師日記』には、遺言の詳細な内容が記録されているのです。

家康公が亡くなったのは元和二年（一六一六）四月十七日です。

この年号と日付はこれからも繰り返し出てきますので、是非覚えておいてください。

「元和二年」、西暦でいえば「一六一六年」の「四月十七日」に家康公は駿府城で亡くなりました。

遺言はその二週間ほど前、四月四日の日記に「二日前のこと（四月二日のこと）」として記録されています。

病に伏せる家康公は、駿府城で次の三名を呼び寄せました。

・側近だった崇伝（本光国師）
・側近筆頭だった本多正純《ほんだまさずみ》
・久能から日光への「遷宮」を指揮することになる南光坊天海《なんこうぼうてんかい》（慈眼大師《じげんだいし》）

そして、次のような遺言を告げました。

【本光国師日記　元和二年卯月四日】
「御躰をハ久能へ納。御葬禮をハ增上寺ニて申付。御位牌をハ三川之大樹寺ニ立。一周忌も過候て以後。日光山に小キ堂をたて。勸請し候へ。八州之鎭守に可被爲成との　御意候。皆々涙をなかし申候」
（『本光國師日記第二十』大日本佛教全書發行所刊より）

【現代語訳】

「臨終となったら我が躰《からだ》を久能へ納め、葬儀は増上寺《ぞうじょうじ》で行い、位牌は三河の大樹寺《だいじゅうじ》に立てて、一周忌を過ぎたら、日光山に小さな堂を建て勧請《かんじょう》せよ。そうして関八州（江戸時代の関東地方）の鎮守の神になるべくとの御意でした。皆々涙を流しました」

この遺言の要点は次の四つです。

①自分の体は久能山に埋葬せよ
②葬儀は増上寺で行え
③位牌は大樹寺に立てよ
④一周忌の後、日光山に小堂を建てて勧請（分霊）せよ

遺言は幕府が共有した

先に見たとおり、遺言は、記録した崇伝本人と本多正純、天海の側近三人が聞いたのです

から、内容は駿府城にいた将軍秀忠公や家臣たちに直ちに共有されたことでしょう。

秀忠公が当時駿府城にいたことも『本光国師日記』で確認できます。

【本光国師日記の原文　元和二年二月】

「二日申刻。公方様當地へ被成御著座候。江戸を朔日辰之刻ニ被成御立。夜通しに　御成候」

【現代語訳】

二月二日の申《さる》の刻（午後四時前後）、将軍秀忠公が駿府城にお着きになられました。江戸を一日の辰《たつ》の刻（午前八時前後）にご出発されて夜通しにてやって来られたのです。

以上が現代語訳です。

家康公はその前月、元和二年の正月に、今の静岡市の西隣にある藤枝市・焼津市方面へ鷹狩に行きました。そのとき鯛の天ぷらを食べて健康をひどく害してしまい、食べ物をあまり受けつけなくなっていたと伝えられています。

その知らせを受けた将軍秀忠公は、江戸から大急ぎで駿府城に駆けつけました。二月一日に江戸を発ち、翌日には駿府城に着いています。箱根や薩埵《さった》峠《とうげ》といった難所もある百八十キロもの道のりをそんな短時間でやって来たわけです。

そしてそれ以来、家康公の身を案じてずっと駿府城にいたのです。

秀忠公がその後駿府を発ち江戸城に向かったのは、四月十七日に家康公が亡くなってさらに七日後の四月二十四日のことだったと『本光国師日記』には書かれています。

亡くなる二週間ほど前の四月二日に告げられたこの遺言は、秀忠公も当然知っていたということになりますし、崇伝らに言うより先に秀忠公には伝えてあったということも考えられます。

遺言の実行

「久能山に埋葬せよ。一年後日光に勧請せよ」

家康公の埋葬に関する一切は、この遺言を絶対の原則として行われていったはずなのです。

遺言の中の①「体は久能山に埋葬せよ」については、吉田神道の神龍院梵舜《じんりゅういんぼんしゅん》（吉田梵舜）が家康公を久能山に埋葬して神に祀る儀式を指揮したという史実があります。崇伝の『本光国師日記』と、梵舜の記録した『舜旧記』という史料に、一致して記録されています。

遺言の中の②「葬儀は増上寺で行え」についても、久能山への埋葬と同じように忠実に守られています。

それは『本光国師日記』でも確認できますし、江戸幕府の公式記録である『徳川実紀』にもあります。『本光国師日記』などを出典と明記した上で、元和二年（一六一六）の五月初旬から月末まで、様々な法要が営まれたことが書かれています。

遺言の中の③「位牌は大樹寺に立てよ」については、現代に暮らす私たちも自分の目で容易に確認することができます。

大樹寺は、家康公の出生の地である愛知県の三河地方、今の岡崎市にあるお寺で、家康公を生んだ松平家の菩提寺です。そこで今でも参拝客に公開されているのが、家康公の遺言に従って立てられた位牌なのです。

大樹寺には、家康公のものから始まり歴代将軍の大きな位牌が並んでいて、それぞれの高さは各将軍の生前の身長と同じになるように決められています。
ここでも家康公の遺言はしっかりと守られているのです。

勧請とは何か

そして遺言の中の④が、「一周忌の後、日光山に小堂を建てて勧請《かんじょう》せよ」です。「勧請」というのは、分霊《ぶんれい》を請《こう》じて祀《まつ》る分祀《ぶんし》のことです。

東照宮も全国各地にありますが、八幡宮や天満宮なども、全国いたるところにあります。同じ名前の神社は、同じ神さまを祀っています。それができるのはなぜかといえば、「勧請」つまり、分霊、分祀をするからです。最初に祀られた場所だけにいて身動きが取れないということはなく、あちこちで祀ることができると考えられているのが神さまです。

宮司さんは次のようにお話されています。

「神様は燃えている炎だと想像してほしい。炎そのものが神であり、そこに松明《たいまつ》を近づけると炎はそちらにも燃えうつる。その松明の炎を別の場所で祀る。最初に燃えていた炎は元通り燃えつづける。氏子、崇敬者はその燃える炎を囲んで炎の恩恵を受けているから、炎が細くなったら薪《たきぎ》をくべる。それで炎はより盛んになって多くの人々が明るさや温かさなどの恩恵をいただけることになる。薪をくべることは神々に対して崇敬の誠を捧げ神々のお世話をすることになる」

「勧請」、「分霊」、「分祀」とはそういうことであって、最初に祀られた神さま（最初の炎）を他のところに完全に移してしまって元の炎を消してなくしてしまうという意味ではないのです。

久能山に埋葬された遺骸を掘り出して日光へ運ぶことを勧請とはいいません。

遺骸は「久能山に埋葬せよ」というのが徳川家康公の遺言であり命令で、一年後に日光に小さなお堂を立てて分祀しなさいと言ったのです。

日光東照宮は、二荒山《ふたらさん》神社、輪王寺《りんのうじ》とともに「日光の社寺」として、今では世界遺産にもなっているほど荘厳なものですが、家康公が祀られた当初は遺言どおり「小堂」だったといいます。

当初の日光の社殿は、群馬県の世良田《せらだ》東照宮に現存する社殿だともいわれていますから、久能山東照宮と比較すれば「日光に小堂を建てよ」という遺言も、当初はしっかり守られていたことになります。

日光が、今に伝わるような大規模なものに建て替えられたのは、三代将軍家光公の時代になってからのことで、その大改築は「寛永《かんえい》の大造替《だいぞうたい》」と呼ばれています。

遷宮に変わった勧請

①久能山には神廟と呼ばれる大きなお墓があります。
②増上寺の葬儀については、『本光国師日記』や『徳川実紀』にも記されています。
③大樹寺の位牌は今でも参拝客に公開されています。
④そして、日光山には日光東照宮があります。

このように実行されてきた遺言でしたが、④だけは、史料に不可解な記述が多く見られます。

久能山から日光への勧請だったはずなのに、『東照宮渡御記』や『東武実録』、そして『徳川実紀』などの史料に、「日光へ改葬した」という意味のことが書かれているのです。そうした記述だけが、家康公の遺言とは違っているのです。


崇伝も、元和三年になってからは、『本光国師日記』に「勧請」という語を使っていません。崇伝は「改葬」という語は使わず、「遷宮」という語を使っているのです。大行列が日光に向かって久能山を出発した翌々日の日記で確認してみます。


【本光国師日記原文　元和三年三月伊丹康勝ら三名との連絡内容】

同十七日。御城ゟ伊丹喜之助殿。閑齋。永喜ゟ一紙に狀來。日光へ御供可仕之由。雅樂殿。對島殿。今日被得　上意候處に。御供可仕之旨被仰出候との狀也。則返書遣ス。案左ニ有之。

右之本文目安箱に入置。

貴札拜見仕候。日光御遷宮に付而。拙老式御供之儀。雅樂頭殿。對島守殿。被爲得上意候處に。御供可仕候旨被仰出候由。被仰聞候　宿割之御書付にも。被爲載候旨忝存候。御兩殿へ被成御心得。御禮被仰上可被下候。御念入早々被示下。忝存候。恐惶謹言。

【現代語訳】

元和三年三月十七日、江戸城より、伊丹康勝殿ら三名による書状が来て、日光へのお供について、酒井《さかい》雅樂頭《うたのかみ》重忠《しげただ》殿、安藤《あんどう》対馬守《つしまのかみ》直次《なおつぐ》殿が、今日、将軍秀忠公より、お供するべきことを仰せになられたという内容だった。それに対して次のように返事を書いて目安箱に入れた。

ご連絡いただきましたことを拝見しました。日光御遷宮について私崇伝がお供することについて、酒井重忠殿、安藤直次殿がお供されることを将軍秀忠公が仰せになられたとのことにつきまして、私もお供いたしますことを承知いたしました。宿割の御書付けにも私を加えてくださいましたこと、誠に恐れ入ります。お二方《ふたかた》には、将軍秀忠公にお伝え申し上げてくださいますよう。御念入りに早々とお知らせくださいましたこと、誠にありがたく存じております。以上謹んでご返信申し上げます。

以上が訳ですが、出てくる人名についても確認しておきます。

伊丹康勝は、武田勝頼の重臣だった伊丹康直の三男として駿河の清水（現在の静岡市清水区）で生まれ、のちに将軍秀忠公に仕えて江戸幕府の財政政策に携わった人です。

酒井重忠は、家康公の家臣で歴戦の功労者です。上野国厩橋《こうづけのくにうまやばし》（現在の群馬県前橋市）藩主として家康公から大きな領地をもらった人です。

安藤直次は、幼少のころから家康公に仕えた歴戦の功労者で、幕府老中から掛川藩主となり、紀伊徳川家の家老《かろう》（家臣の最高位の役職）となった人です。

このように崇伝は、「日光御遷宮」という言葉を使っています。

「日光に勧請せよ」という家康公の遺言を正確に記録した崇伝が、翌年の天海指揮による「勧請」については「遷宮」と呼んでいるわけです。

遷宮は改葬ではない

「遷宮」という言葉は、三省堂の『大辞林第三版』に次のように定義されています。

「神社本殿の造営修理に際し、神体を移すこと。多く伊勢神宮についていい、一般神社では遷座という」

この定義で「久能山から日光山へ」を当てはめて読み直してみると――

「遷宮」は、「久能山本殿の造営に際して神体を移すこと」を意味します。

「造営」は、「日光に新しい社殿を造る」という意味になります。


「神体」とは何かということも確認しておかなければなりません。

三省堂の『大辞林第三版』はこのように定義しています。

「神霊が宿っているものとして、祭祀《さいし》に用いられ礼拝の対象となる神聖な物体。古来、鏡・剣・玉・鉾《ほこ》・影像などが多く用いられた。みたましろ」


久能山東照宮には、国宝である社殿（本殿・石の間・拝殿により構成されている）があって、その本殿に「神体」が安置されています。神社として、神道の儀式はこの御神体に対して行われます。神様の霊《たましい》は、この御神体にあるからです。

それに対して、久能山の神廟（墓所）は、家康公の「尊体」（遺骸）が埋葬されたお墓なので、神道の儀式は行いません。


以上を確認してわかってくることをまとめてみます。

『本光国師日記』の中で崇伝が「日光御遷宮」と呼んでいるのは、社殿に祀られている神体を日光の社殿に移すという意味とのことです。

家康公の遺骸を日光に運ぶという意味は、そこに含まれていません。

最も信頼できる史料といえる『本光国師日記』をこのように読んだ限りは、やはり久能から日光へ「改葬」は行われておらず、「遷宮」であったということになります。

しかしそうだとすると、久能山東照宮の本殿には、「神霊」が宿った「神体」がないということなのでしょうか。「日光に遷宮された」のだとすると、久能山本殿の「神体」は日光へ行ってしまって、残っているのは家康公の遺骸だけなのでしょうか。

そんなことを考えるとちょっと心配になってくるのですが、そんな心配は久能山東照宮に参詣するだけで、一目瞭然で解消します。

久能山東照宮楼門「東照大権現」の扁額

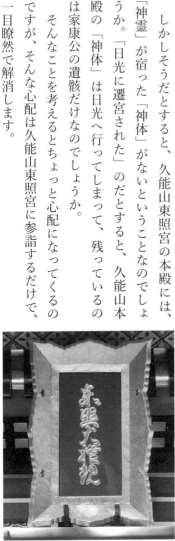

久能山東照宮の楼門には、後水尾天皇の揮毫《きごう》による「**東照大権現**」の大きな扁額《へんがく》が掲げられているからです。（右ページ写真）

たとえ「日光遷宮」という言葉で呼ばれようと、久能山の神霊が消えて日光に引っ越したということはなかったのです。

それを証明しているのが、久能山東照宮の存在です。四百年前の美しい姿がそのまま変わらず今に伝わっているという、この厳然たる事実です。

つまりこの遷宮は、久能山で新たな御神体となる御鏡か何かが用意されて、家康公の御分霊がその御鏡に遷霊された後、御神体が日光に遷宮されたということになるのです。

（実は、もう少しややこしい事実もあるので、それについては後の「天海だけが聞いた『遺言』」の項でさらに詳しく見ていきます）

そして、元和三年三月から四月にかけて「日光遷宮」が行われた後になっても、久能山の地位は下がったり揺らいだりするどころか、どんどん高くなっていきました。

神霊もあり、御尊体もある——それが久能山東照宮だったのです。

榊原照久《さかきばらてるひさ》への遺言

遺言されていた埋葬の場所と方法

崇伝が記録したものとは別に、もう一つ重要な遺言があります。

江戸幕府の公式記録である『徳川実紀』に、家康公が亡くなる前日の「元和二年四月十六日」のこととして記録されているものです。出典は『続武家閑談《ぞくぶけかんだん》』『榊原譜《さかきばらふ》』『坂上池院日記《さかじょうちいんにっき》』などであるとされています。

【徳川実紀にある榊原照久への遺言原文】

「久能山　御廟地の事つばらに命ぜられ。汝幼童の時より常に心いれておこたらず近侍し。且魚菜の新物を献ずる事絶ず。我死すとも汝が祭奠をこゝろよくうけんとす。東國の諸大名は多く普代の族なれば。心おかるゝ事もなし。西國鎮護のため　神像を西に面して安置し。汝祭主たるべし。社僧四人を置て其役をとらしむべし。そのため祭田五千石を宛行ふべしと面命あり。照久には別に采邑を加て千石を賜ふ」

【現代語訳】

「（家康公を埋葬する）久能山の廟地（墓所）のことを詳しく命じられ、『お前は幼少のころから常に誠意をもって我に仕え、さらに魚や作物など新物を献上してくれた。我は死んでからもお前の供えるものを快く受けたいと思う。東国の諸大名は我に仕えてくれるから心配ないが、西国の平安を護るため、我が体を西に向けて安置し、お前が祭主となれ。社僧（神仏習合の時代に神社にいた僧侶）四人を置いてその役をさせよ。そのために神社領有の田を五千石当てよ』と命じられた。照久には別に千石の領地を与えられた」

この遺言は『東武実録』でもほぼ同じように書かれています。『東武実録』とは幕臣の松平忠冬《まつだいらただふゆ》という人が幕府の命によって貞享《じょうきょう》元年（一六八四）までにまとめた家康公没年の元和二年（一六一六）から秀忠公没年の寛永九年（一六三二）までの記録です。

【東武実録にある榊原照久への遺言】

「大御所駿府ノ城ニ於テ　薨御春秋七十五歳是ヨリ先キ榊原内記照久ヲ召シテ吾レ薨セハ駿州久能山ニ葬リ　靈廟ヲ西向ニ建テ社僧四人ヲシテ晝夜ノ勤仕怠ル事ナク執行ナサシムヘシ食禄五十石ヲ以テ四人ノ社僧ニ各宛行フヘシ汝ハ常ニ久能山ニ居テ　靈廟ヲ警衞スヘキノ

旨ヲ　命セラル是ニ依テ照久ヲシテ久能山ノ神職ヲ掌ラシム」

【現代語訳】

「大御所家康公が駿府《すんぷ》城において数えの七十五歳で亡くなった。その生前に、榊原照久《さかきばらてるひさ》を呼んで、我が死んだら久能山に葬り、霊廟《れいびょう》を西に向けて建て、社僧《しゃそう》（神仏習合の時代における神社の僧侶）四人によって昼夜の勤仕《きんし》を怠《おこた》るな。食禄五十石をもって四人の社僧にそれぞれ当てがえ。お前は常に久能山にいて、霊廟を警衛《けいえい》せよと命じられ、照久に久能山の神職を司らせた」

もう一つ、『寛永諸家系図伝《かんえいしょかけいずでん》』というもう少し古い文献からも引用します。

『寛永諸家系図伝』は、三代将軍徳川家光公のころ、寛永十八年（一六四一）から二十年（一六四三）にかけて幕府によってまとめられた諸大名・旗本の系譜です。

その中の榊原家の系譜に「照久」についての記述があって、遺言のことが書かれています。

【寛永諸家系図伝にある榊原照久への遺言原文】

「我《われ》不慮《ふりよ》の事《こと》あらば廟《べう》を久能山《くのやま》につく《（築）》べし、榊原内記《さかきばらないき》平生《へいぜい》我《われ》に仕《つかへ》ておこたらず、我捐館《われゑんくハん》の後内記をもとのごとく久能にすへて、神職《しんしょく》の事をつかさどらしめ、御存生《ごぞんじゃう》のあひだ召つかハれしごとくなるべし云々」

【現代訳】

「我が死んだら廟（墓）を久能山に築け。榊原照久は日ごろより我に仕えて怠らなかった。我が死んで後にもそれまでと同じように久能にいて、神職を司れ。我が生きていたころと同じように……」

最も信頼された家臣

家康公は榊原照久に、これら史料に書かれたような遺言（遺命）を告げたようです。

（「照久」という名は家康公が亡くなった翌年に「夢のお告げを受けて」改名したもので、家康公の生前には榊原清久《きよひさ》といいましたが、ここでは「榊原照久」としておきます）

榊原照久は、徳川三傑で徳川四天王にも数えられた叔父の榊原康政、父の榊原清政らとともに家康公に仕えた武将です。久能山がまだ久能城だったころからの城番でした。大坂の陣にも出陣を願い出ましたが、家康公から「駿府城の本丸は久能山だからお前は残って久能山を守れ」と命じられていたそうです。

うっかり読み過ごしそうですが、「久能山が駿府城の本丸」だとすると、家康公にとって「一番大事な城が久能山」だったことになります。家康公はもちろん、かつての久能寺がここを観音菩薩降臨にふさわしい聖地として久能忠仁によって開かれて隆盛を極めたこともよく知っていたことでしょう。難攻不落の地形にあることは駿府城の比ではなく、城として極めて優れていると考えていたこともあるでしょう。

その一番大事な聖地であり要害の地を、榊原照久に「守れ」と命じているのです。

照久は家康公への忠誠心が特別厚く、常に家康公の側に仕え、家康公からも特にかわいがられていたそうです。

家康公が臨終のときに、照久の膝を枕にしていたとも伝えられているぐらいですから、いかに信頼されていたかがわかると思います。

絶対の遺命

家康公が榊原照久に告げた遺言は、次の二つの遺命でした。

①自分の体を西を向けて久能山に埋葬して久能山に霊廟を築くこと
②照久が久能山の祭主となり、いつまでもずっと久能山で自分に奉仕すること

「西を向けて」とは、死後も西からの勢力を睨んでいたいという意志によるものでした。

前年の慶長二十年（一六一五）、大坂夏の陣で豊臣氏は滅亡していますが、まだまだ西は油断できないと考えていたのです。

さらに、下の家康公の肖像画のように、「座った

久能山東照宮博物館蔵『東照大権現像』（筆者模写）

姿勢で」という意味も込められているのです。

地中深くではありますが、**久能山の山頂付近に建てられた霊廟から、死後も西を見守りつづけていたい**ということ、家康公本人がそう望んだということです。

もし「日光へと改葬された」としたら、この遺言を守ることができなくなってしまうのです。日光で西を向けて埋葬したとしても、日光の西には京都や大阪などの「西国」はありません。日光の西は、群馬県と長野県を通って飛騨山脈を越え、能登半島の付け根あたりまでで、その先は日本海、さらに先は朝鮮半島です。**日光に見守るべき西国はない**のです。

榊原照久に告げた遺言の二つめは、それまで久能山を守ってきた照久に対して、家康公なき後も「ずっと久能山にいる我に生前と変わらぬ奉仕を続け、墓所の我を守りなさい」という命令でした。

元和三年に日光への「遷宮」が行われた後も、久能山を守る照久の官位は従《じゅ》五位下から従四位下となり、**最終的には元和八年六月に従二位となって伊勢神宮の祭主と同格**に叙されています。日光への「遷宮」から五年も経ってからのことです。

榊原照久は久能山東照宮の祭主として高い地位を得て生涯をまっとうしました。他でもない家康公からの遺言を受けてのことでした。

家康公の体調悪化のタイミングで食べたという鯛の天ぷらも、照久が日ごろと同じように、家康公に献上したものだったと伝えられていますが、家康公は、体調悪化の責任を照久に問うことがなかったばかりか、「生前と同じように我に食べ物を供えつづけよ」と命じたわけです。

もしかするとその鯛が原因かと、照久は切腹して詫びたい気持ちにもなっていたかもしれません。家康公がそれを許し、許すにとどまらず、鯛を持ってきたことを大いに褒めたたえて自分の死後も同じように食べ物を毎日持ってこいと、照久に一生の仕事を与えたのかもしれません。

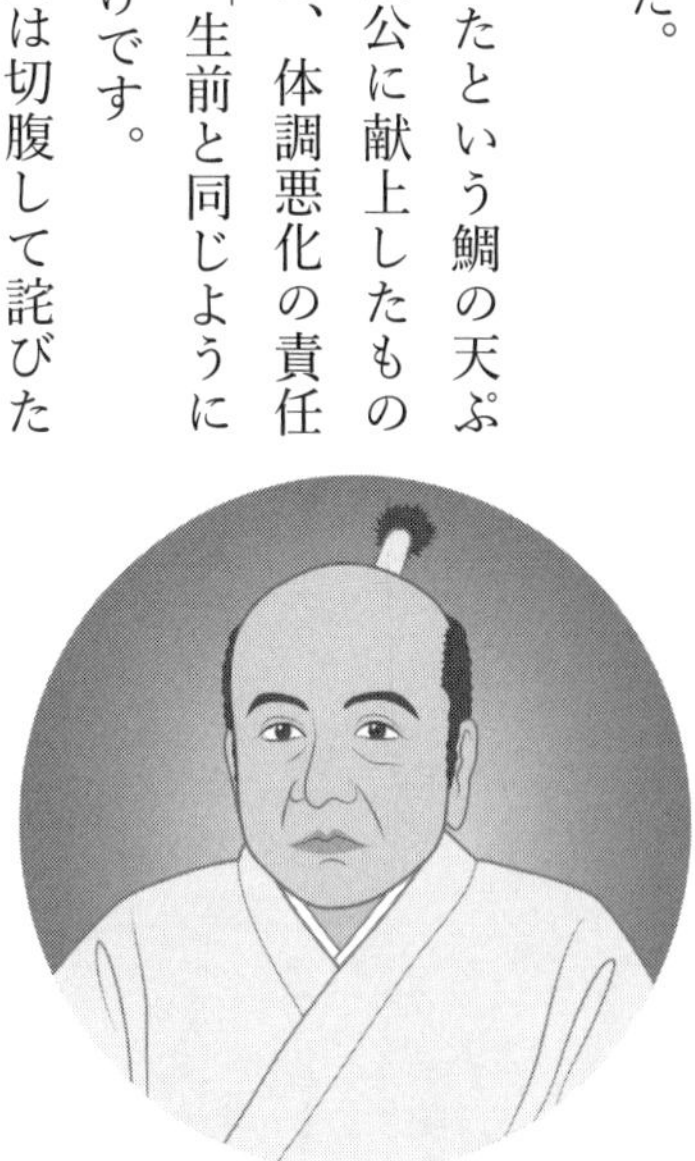

榊原照久の肖像（筆者画）

照久は遺言に従って久能山の神職を司り、久能山の祭主として家康公の墓を護ることにその生涯を捧げました。

家康公が亡くなった翌年の「日光遷宮」は、照久の地位にも生涯にも、何ら影響を与えなかったことになります。

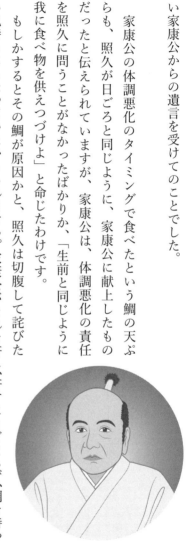

むしろその後に、照久は伊勢神宮祭主と同格の地位まで昇進しているのですから、照久が家康公から命じられた久能山での役目は、「日光遷宮」の後も変わっていないことがここからもわかると思います。

榊原照久の墓

久能山の西のふもとには、照久が自分の名を付けて建てた「照久寺《しょうきゅうじ》」という寺があって、照久は二十一世紀となった今もなお、その寺の墓所（写真）から久能山を見守っています。

現在は「宝台院《ほうだいいん》別院」と名前が変わっている照久寺ですが、私も榊原照久のお墓には何度かお参りさせてもらっています。

久能山を見守る榊原照久の墓（宝台院別院）

四角い石の上に丸い石が乗ってさらに笠をかぶったその五輪塔からは、何ともいえない慎ましさと優しさ、そして久能山に向けられた照久の熱い眼差しを感じて胸が熱くなります。

榊原照久が家康公にいかに愛されていたか、照久の家康公への忠誠心がいかに厚かったかを知っただけでも、久能山に埋葬された家康公の体が一年足らずで久能山からなくなったなどということはあろうはずがないと、容易に想像できることです。

「久能山にいてずっと我に奉仕せよ」という家康公からの命令を一生守り通し、榊原家はその後代々、久能山の神廟を護ってきたというのが事実です。

この事実は大変に重いものだと思います。

久能山東照宮石段（一ノ門のすぐ下）

天海だけが聞いた「遺言」

『明良洪範』に描かれた天海の人物像

駿府で大御所政治を行った家康公の亡きあと、二代将軍秀忠公の時代になって、宗教行政の有力者となっていったのが、日光への「遷宮」を指揮した天海です。

『明良洪範《めいりょうこうはん》』という江戸時代の伝聞録に、天海のことが小説風に詳しく（しかも面白く）書かれているので紹介したいと思います。

『明良洪範』は、幕臣で、江戸千駄ヶ谷聖輪寺の住職でもあった真田増誉《さなだぞうよ》という人によって書かれたもので、家康、秀忠、家光ら将軍の事跡や逸話を伝聞によってまとめたものです。書かれたのは江戸時代中期とされ、詳細な成立年はわかっていません。

史料としての評価で見れば、なにぶんにも伝聞録ですし、出典が不明ということもあって、必ずしも第一級の扱いはされていませんが、他の一級史料と一致する記述も少なくありません。

非常に興味深い逸話も書かれていますので、以下、明治四十五年に国書刊行会によって活字となったものから転載します。

（読みにくいようでしたら、この後の要約を読んでいただくだけでもかまいません）

【明良洪範の原文】

此《この》頃天海僧正《そうじょう》上京せらるゝ事有り、此事は神君（家康のこと）未《いまだ》御病氣《き》に在《あ》らせられざる時天海僧正を召れ、法華《ほつけ》止觀《しくわん》の源義山王《さんのう》神道の玄旨《げんし》を聞せ給ひ仰せられけるは、「我天下を掌握し世を秀忠に譲り齢《よは》ひ七旬（七十歳）に餘《あま》れば一事として心に殘《のこ》る事なし、此上《このうへ》は山《さん》王一實《のういちじつ》の神道の奥儀を受《うけ》て子孫の榮久《えいきゅう》を保たん事願はしけれ、夫《それ》は偏《ひとへ》に僧正の誨教《かいけう》によれる所也《ところなり》、傳《つた》へ聞く大織冠《たいしよくくわん》（藤原鎌足のこと）は藤氏の宗として今にその後裔榮《さか》へぬ、鎌足を攝州《せつしう》（摂津国、大阪府西部と兵庫県南東部に相当）阿威《あい》に葬り、後《のち》一年を經《へ》て和州《わしう》（大和国、奈良県）多武峯《たうのみね》へ遷葬せしと也《なり》、彼《かの》例に因《より》て我死なば遺骸を駿河の久能山に葬り、一年を經て野州日光山に遷葬すべし」、委細仰《おほ》せ置《おか》れ、幾程もなく御病氣づき薨《こう》じ給《たま》ふ。然《しか》るに南禪《なんぜん》寺《じ》の崇傳《すうでん》長老遺命（家康の遺命）の趣《おもむき》（趣旨）にて本多《ほんだ》上野介《かうづけのすけ》正純《まさずみ》と相議して吉田家庶流宗源《そうげん》（本流）の神道を學《まな》びし者（神龍院梵舜のこと）を召《めし》て中談じ、唯一の化義《けぎ》を以《もつ》て久能山に葬り奉《たてまつ》る。翌十八日に台徳公《たいとくこう》（二代将軍徳川秀忠のこと）には神君の御病氣中御側《そば》に侍りし者を召て拜させ給ふ。此時天海は左の上座に在り、崇傳は右の上座に在り、時に崇傳「御遺命の如く昨夜久能山に葬り奉る」と云《いふ》。天海申《まうし》けるは「長老御遺命と申されれど其《その》式御遺命には違《たが》ひたり」と云《いふ》。崇傳色を起して「御遺命に違ひたるとは如何《いか》に」。天海曰《いはく》「御遺命は山王一實習合の神道也昨夜の式は左《さ》に非《あら》ず、宗源の神道也と聞く。我命じ給ひしは然らず」。崇傳曰《いはく》「豐國《とよくに》明神の近例（豊臣秀吉を神にした例）を以て神に祝せん。御遺命に依て葬り奉る。然れば唯一の式を以て祭り奉るに何ぞ違ふ事の有《あら》んや」。天海曰《いはく》「神君の尊慮は後裔の長久を願はせられしかば豐國明神の後の如く忽《たちまち》滅亡したる凶例を何ぞ願はせ給ふべき。鎌足公の跡を慕はせ給ふ也。宗源も習合も何ぞ長老知らるべきや」と、問答數遍に及ぶ。此時本多正純傍に居たりしが進み出で曰《いはく》「今日は陪侍の席と云、又哀傷し給ふ時なるに爭論を起す事甚《はなはだ》以《もつ》て不敬也、其罪輕《かる》からず。天海を遠島に所《しよ》すべし」とて其座を退かしむ。台徳公にも奥へ入給ふ。夫より天海は遠島の命を待居けるに何の沙汰もなし。台徳公江戸に歸《かへ》らせ給ひて後、天海の許《もと》へ御使《つかひ》を以《もつて》申《まうし》贈らせ給ふは、「先日崇傳と問答に及《およ》びし事、我其《その》意を辨《わきま》へず、此度《このたび》其意を聞度《ききたく》候へば、御身も江戸へ下向有べし」と也。天海大《おほい》に悅《よろこ》び、早速江戸へ來《きた》り拜《はい》謁《えつ》して「神君（家康のこと）御直に御遺命有し事共、委敷《くはしく》（家康公に）申上しかば『我は神道を學ばざれば其意を知ず吾爲に其意を語れよ』と上意《じやうい》故（家康公が言われたので）、天海申上らるゝには『神君は元佛道御心を盡《つく》させ給ひ、終《つひ》に神道と其道一つ成る意味を御會得《ゑとく》有《あり》し』故、唯一を用ひ給《たまひ》ずして山王一實の習合を尊崇在《あら》せられて御遺命有し也」と申上るに、（秀忠は）「然らば御身（天海が）上洛し習合神道を請《うけ》奉るべし、其本末を知《しら》せ給ざる事なれば」とて板倉重昌を使者とし、刑部《ぎやうぶ》卿《きやう》法林永喜を副《そへ》られける。天海上洛し委細に奏聞《そうもん》（天皇に申し上げる）せられけるに、「習合の神道も異なる事あらず、殊に山王一實の神道なれば天台宗の奥旨《あうし》（奥義）は我とする所然るべし」と倫言《りんげん》（輪言、天皇からのお言葉）有《あり》て、則《すなはち》習合の舊記《きうぎ》を下し給はる。其上神號宣下《しんがうせんげ》勅許有《ある》べき由《よし》密詔を蒙《かうむ》りければ、天海大に悦び、内々諸司代板倉に告《つげ》て江戸へ達しける

（ふりがな、カッコ書き、句読点は筆者が加筆）

【明良洪範の要約】

天海は家康公から遺命を告げられていた。その内容は、山王一実《さんのういちじつ》神道をもって家康公を神に祀《まつ》るようにということであった。薨去の後、久能山に葬ってから、一年後に日光へ改葬すること。これは藤原鎌足が摂州（摂津国）の阿威山《あいやま》から和州（大和国）の多武峰《とうのみね》に改葬されたという吉例にならっている。そうすることによって子孫長久がかなうという考え方のもとに、家康公も久能山から日光へ改葬することを願うと天海に告げたのであった。

ところが家康公が亡くなってからの神に祀る実際の儀式では、家臣の筆頭であった本多正純《ほんだまさずみ》と金地院崇伝の主導のもと、秀吉公を大明神に祀った実績がある神龍院梵舜による吉田《よしだ》神道の儀式をもって行った。

吉田神道は当時神道の本流であるとされていて、神に祀る儀式ができるのは吉田神道をおいて他にはないと考えられていたためだ。

その翌日となる四月十八日（より信頼性が高い一次史料である梵舜の記録『舜旧記《しゅんぎゅうき》』等によれば神に祀る儀式は四月十九日に行われたので日付は正しくないものになっている）になって、天海が崇伝にクレームをつけた。というのは、天海が家康公から告げられた「遺命」によれば山王一実神道をもって家康公を神に祀るようにとのことだったにも関わらず、神龍院梵舜による吉田神道の儀式で行ったのは遺命と違うではないかという指摘だった。

それに対して崇伝が「吉田神道こそが唯一、家康公を神に祀ることのできる神道であり、それこそが家康公の遺命そのものだ」（天海本人だって同席して聞いたではないかということ）と反論すると、天海は「早々と滅亡してしまった豊臣氏を祀った神道が相応しいはずがない、長老（崇伝）は何を知っているというのか」などと問答がつづき、それを見かねた本多正純が「このような席で論争するなど、天海は不敬である、島流しにする」といって、天海を退場させた。

しかしその後、天海はいくら待っても島流しにはされず、それどころか将軍秀忠公から江戸に呼ばれ、論争を起こしてしまったことについて弁明の機会が与えられた。天海は秀忠公に、「家康公は仏道とともに神道を会得され、天台宗の仏教と山王神道を習合させた山王一実神道を信奉されていた」と説明した。

秀忠公が天海に「上洛して天皇に山王一実神道を用いることを請願せよ」と言い、それに従って天海が天皇に謁見《えっけん》して委細を説明すると、天皇は「吉田神道も山王一実神道も異なるものではない。天台宗であれば私もよく知っている」と言われ、その後、さらに朝廷から勅《ちょく》許《きょ》があって家康公の神号は天海の推した「大権現」になった。

家康公を祀る実力がなかった天海

要約のカッコ書きに記したように、日付に間違いがあること、そして、家康公の生前にリアルタイムで記録されていた崇伝の『本光国師日記』や梵舜の『舜旧記』などの文献に一切出てこない「天海主導の山王一実神道を家康公が知っていた」ということ、家康公が天海に「久能から日光に改葬せよ」と言ったということなど、崇伝記録の遺言とは矛盾する内容が含まれています。

それでもこの中にはおおよその事実関係がわかりやすく書かれています。

つまり、天海は家康公が亡くなった当時、まだ家康公を埋葬し神に祀るという儀式を任されるほどの力は持っていなかったということです。

崇伝が『本光国師日記』に記録した家康公の遺命には、①「自分の体は久能山に埋葬せよ」②「葬儀は増上寺で行え」③「位牌は大樹寺に立てよ」④「一周忌の後、日光山に小堂を建てて勧請せよ」という四点が含まれていたわけですが、その中で「葬儀を行え」と言われている「増上寺」は当時の徳川将軍家の菩提寺であって、宗派も天海の天台宗ではなく浄土宗なのです。

もし家康公の亡くなる当時から天海に大きな力があったとすれば、家康公も天台宗で葬儀を行えと言ったのかもしれませんが、実際には天海にはそこまでの力はまだなかったということでしょう。

同じように、位牌を立てた岡崎の大樹寺も浄土宗ですし、二代将軍秀忠公も、亡くなって浄土宗の増上寺に埋葬されています。

天海に深く帰依したといわれる三代将軍家光公の代になってから、江戸上野に天台宗の東の総本山となる寛永寺が建てられ、その後「寛永の大造替」と呼ばれる日光の大規模な改築があり、家光公の墓所も日光になった——というのが歴史の流れで、その後は四代将軍家綱公と五代将軍綱吉公、二代続けて寛永寺が将軍の墓所となりました。

それについては増上寺からの抗議もあって、その後からは増上寺と寛永寺が交代で将軍の墓所となっていったのですが、この流れを見ただけでも、天海主導の天台宗は、三代家光公の代になってから力をつけてきたということがわかります。

そもそも天海が主導する「山王一実神道」は、家康公が亡くなった当時は朝廷にも幕府にも知られていなかったようですから、天海の儀式によって家康公を神にすることはできなかったのです。実際に儀式を担当したのは「唯一神道」とか「唯一宗源神道」と呼ばれていた吉田神道だったのが史実で、それができたのは、吉田神道に実績があったからということは、この『明良洪範』からも読み取ることができるのです。

豊臣秀吉を「豊国大明神」に祀ったのが吉田神道であり、吉田神道の儀式を執り行うことができたのが梵舜という神道家でした。

江戸幕府は家康公の尊い御霊《みたま》を朝廷から正当であると認められる形で神に祀りたいと考え

ていたわけです。正当な形にするには梵舜の吉田神道以外に選択肢はなかったのですから、その儀式が終わった後になって天海が「その儀式は違う」などとクレームをつけたりすれば、家康公側近筆頭の本多正純も、宗教行政の責任者でもあった崇伝長老も「天海は何様のつもりだ」と驚いたり憤慨したりしたに違いありません。

その様子が『明良洪範』にも象徴的に書かれているというわけです。

神号論争で勝利した天海

天海が幕府において本当に力をつけるようになっていったのは、「神号論争」に勝利してからのことでした。

神号論争は、それまでの吉田神道の流れなら「大明神」となる方向だった神号が、天海の推す「大権現」に決まった一連の論争のことです。

梵舜の日記である『舜旧記』には、久能山で家康公を神に祀る儀式を梵舜が行ってまだ間もない元和二年（一六一六）の五月三日には「権現と明神とでは優劣はあるのか？」という話題が出てきます。

同じように『本光国師日記』にも、元和二年の五月には、神号の話題が天海の名とともに出てきます。

元和二年四月十七日に家康公が亡くなって葬られ、翌々日の四月十九日に神となってからまだ二週間も経っていないのに、すでに、「権現か、明神か」という神号論争が始まっていたということなのです。


その元和二年の七月には、将軍秀忠公の命を受けて天海は京都へ赴き、家康公の神号を天海主導の「東照大権現」とするよう天皇に願い出、九月に江戸に戻った天海が「これで勅許があるものと思われます」と秀忠公に報告すると、秀忠公も大いに喜んだということ、そして翌年の元和三年（一六一七）二月二十一日、ついに「東照大権現」の神号を賜ったということが、江戸幕府による秀忠公の事跡録である『東武実録』にも記録されています。

その原文を転載します。


（元和二年七月）

公ノ台命ヲ奉テ

大御所御神號　奏達ノ事ニ依テ天海僧正京師ニ赴ク途中ノ警衛トシテ御歩行衆一組ヲ差シ副ヘラル

（元和二年九月）
是月　天海僧正京師ヨリ江戸ニ歸テ
大神君御神號ノ事傳奏ヲ以テ　叡聞ニ達スルノ慮ニ　勅許有ルヘキノ旨ヲ申上ル
公大ニ御喜悅有リ

（元和三年二月）
同二十一日
家康公ニ　勅シテ
東照大權現ノ神號ヲ賜ル

このように、家康公の神号は、豊臣秀吉公のときと同じ「大明神」ではなく、天海主導で「東照大権現」に決定したわけです。

この流れで、家康公が久能に葬られた一年後の「日光遷宮」が天海主導で行われることになっていくのですが、そこから「家康公の遺骸は日光に改葬された」と信じられるようになったわけです。

天海だけへの遺言

天海がいくら神号論争に勝利したからといって、家康公が亡くなった翌年という早い時期に家康公の遺命を覆すまでの強大な力を得ていたということは考えられません。

江戸の上野に天海の寺である寛永寺が建てられたのも、二代将軍秀忠公が隠居して、家光公の代になってからのことです。

元和二年に家康公が亡くなって、まだその翌年という日の浅い時点で、幕府全体が絶対のこととして共有していた家康公の遺言「久能山に埋葬せよ」と「日光山に勧請せよ」を、天海一人の「力」によって根本から変更するなどということはできなかったのです。

もし天海が言うように「山王一実神道によって神になる」ことを家康公が生前から願って

いたのだとしたら、吉田神道によって神になった歴史的事実は、「崇伝や本多正純をはじめとする側近たちが家康公の命に逆らったものだった」ということになってしまいますが、そんなおかしな話はあり得ません。

元和二年四月、家康公は久能山で神になった――これが史実です。

この当時には天海本人も、天海主導の神道なるものも、家康公を神に祀るほどの力（権威や実績）を持たなかった――これも史実です。

家康公が自分の体を「久能山に埋葬せよ」と命じ、梵舜やその指導を受けた榊原照久らの儀式によって神に祀られた――これも同じく史実です。

それに対して、生前の家康公が「天海主導の神道を頼りにしていた」とか「久能から遺骸を掘り出して日光に改葬せよと言った」ということは、崇伝の『本光国師日記』にも、梵舜の『舜旧記』にも出てきません。『本光国師日記』と『舜旧記』は、当時リアルタイムで記録されていました。

先に見たように、家臣の榊原照久が家康公の遺言に従い、久能山の霊廟（墓所）にいる家康公に生涯を捧げたという事実もあります。

照久は遺言どおりに久能山にいて、参詣に訪れた三代将軍家光公の久能山参詣を迎えてもいます。

以上のような歴史の流れ、歴史の文脈から、天海が力をつけ始めたのは「大権現」の神号が採用されて以後だったということがよくわかると思います。

その流れを受けて、天海が将軍秀忠公からも信任を受け、日光への「遷宮」を指揮することになったということです。

勧請が遷宮に変わった経緯

ところがその「遷宮」は、先の「崇伝が記録した遺言」でも見たように、当時から「改葬」とも呼ばれていたようなのです。

それはどういうことだったのか、時系列でまとめながら考えてみます。

⑴久能山で大明神に

家康公は久能山に埋葬され、梵舜の吉田神道の儀式によって神となった。梵舜の儀式での「神」とは「大明神」のことだった。久能山の社殿も「大明神造り」として建てるよう将軍秀忠公が命じていた。

(2)正式な神号は大権現に

その後、家康公の正式な神号は「大明神」ではなく、天海の推す「大権現」に決定した。久能山で祀られていたのは「大明神」だったので、「大権現」に祀るための別の儀式を改めて行う必要が出てきた。

(3)大権現の神霊を日光に遷宮

「大権現」に祀る儀式は天海が行った。久能山でどのような儀式が行われたのかは不明だが、**久能山から「大権現」の神霊を請じて日光への「遷宮」が行われた。**

以上のような経緯により、**宗教儀式上は「勧請」ではなくなって「遷宮」となり、久能山から神霊を柩で運んだため「改葬」とも呼ばれた**とみることができます。

さらに憶測を加えるなら、久能山で祀られていた神霊から大権現を請じたというだけでなく、墓所にあった御尊体そのものからも請じたから——ということも考えられるのかもしれません。

久能山東照宮神廟に向かう徳川宗家ご当主ら（平成 27 年御鎮座四百年祭）

起きていない揉めごと

『東武実録』で見る久能山への埋葬

江戸幕府の公式記録の一つ『東武実録』に記録されていることも非常に興味深いのでここで紹介してみたいと思います。

これまでに見たとおり、江戸幕府は、実際には家康公の遺骸は運んでいないということを前提とした上で、遺骸のない「霊柩」を運んだことをもって「日光に改葬する」と書いているると読めるのです。

『東武実録』というのは、幕臣の松平忠冬《まつだいらただふゆ》という人が幕府の命によってまとめた二代将軍徳川秀忠公の事跡録だということは先にも触れました。

完成したのは秀忠公が亡くなってからすでに半世紀が過ぎた貞享《じょうきょう》元年（一六八四）のことですが、内容は、家康公が亡くなった元和二年（一六一六）から始まって、秀忠公が亡くなった寛永九年（一六三二）までのことで、それが日を追って簡潔に書かれています。

はじめに家康公の薨去と埋葬の段を見てみましょう。後に現代語訳もつけました。（照久への遺言の箇所は先に紹介したものと重複します。傍線は筆者）

【東武実録の原文】

（元和二年四月）

同十七日

大御所駿府ノ城ニ於テ　薨御春秋七十五歳是ヨリ先キ榊原内記照久ヲ召シテ吾レ薨セハ駿州久能山ニ葬リ　靈廟ヲ西向ニ建テ社僧四人ヲシテ晝夜ノ勤仕怠ル事ナク執行ナサシムヘシ食禄五十石ヲ以テ四人ノ社僧ニ各宛行フヘシ汝ハ常ニ久能山ニ居テ　靈廟ヲ警衛スヘキノ旨ヲ　命セラル是ニ依テ照久ヲシテ久能山ノ神職ヲ掌ラシム

是日　夜ニ入リ　御尊體ヲ駿州久能山ニ葬ル本多上野介正純松平右衛門大夫正久後正綱ニ改ム　板倉内膳正重昌秋元但馬守恭朝　神柩ニ供奉ス　公ノ　御名代トシテ土井大炊頭利勝神柩ニ従フ參議義直ノ使者成瀬隼人正正成參議頼宣ノ使者安藤帯刀直次少將頼房ノ使者中山備前守信吉等各　靈柩ニ供奉ス是皆豫ノ御遺言ニ依テ也

【現代語訳】

元和二年四月十七日、大御所家康公が駿府《すんぷ》城において数えの七十五歳で亡くなった。その生前に、榊原照久《さかきばらてるひさ》を呼んで「我が死んだら久能山に葬り、霊廟《れいびょう》を西に向けて建て、社僧《しゃそう》四人によって昼夜の勤仕《きんし》を怠《おこた》るな。食禄五十石をもって四人の社僧にそれぞれ当てがえ。お前は常に久能山にいて、霊廟を警衛《けいえい》せよ」と命じられ、照久に久能山の神職を司らせた。

この日、夜になって御尊体《そんたい》（家康の遺骸）を久能山に葬った。本多正純《ほんだまさずみ》、松平正綱《まつだいらまさつな》、板倉重昌《いたくらしげまさ》、秋元泰朝《あきもとやすとも》が神柩に供奉《ぐぶ》した。将軍秀忠《ひでただ》公の名代《みょうだい》として土井利勝《どいとしかつ》が神柩に従った。参議義直《よしなお》公の使者として成瀬正成《なるせまさなり》、参議頼宣《よりのぶ》公の使者として安藤直次《あんどうなおつぐ》、少将頼房《よりふさ》公の使者として中山信吉《なかやまのぶよし》らがそれぞれ霊柩に供奉した。これはみなあらかじめ伝えられていた家康公の御遺言に従ったものである。

この段は家康公が亡くなって久能山に埋葬するところですから、家康公の遺骸を指す「御尊体」「葬る」の語がはっきりと使われた上で、「柩」については、「神柩」、「霊柩」と、二通りの語が使い分けられて出てきます。

「神柩」に「供奉《ぐぶ》」したのが、本多正純、松平正綱、板倉重昌、秋元泰朝の四名。

そして、将軍秀忠公の名代として土井利勝が「神柩に従う」と記されています。

その後に、義直公（尾張徳川家の祖、家康公の九男）、頼宣公（紀州徳川家の祖、家康公の十男）、頼房公（水戸徳川家の祖、家康公の十一男）という子息らの名代として、成瀬正成、安藤直次、中山信吉の三名が「霊柩に供奉す」と記されています。

出てくる家臣の名はいずれも大御所家康公の側近たちです。

二通り出てくる「神柩」と「霊柩」のそれぞれの中身は何かということになりますが、「神柩」は御尊体（家康の遺骸）を葬るところで出てきていますから、中身は遺骸であろうと推測したいところです。

そして「霊柩」はその後で出てきていて「神柩」とは区別されていますから、中には遺骸は入っていないと考えることができそうですが、はっきりしたことはわかりません。

次は、「久能から日光に出発」の段になります。

『東武実録』で見る久能山からの出発

【東武実録の原文】

（元和三年三月）

同十五日

大権現ヲ駿州久能山ヨリ野州日光山ニ改メ葬ル是

神君ノ　御遺命ニ依テナリ

是日　寅ノ尅天海僧正本多上野介正純土井大炊頭利勝松平右衛門大夫正久板倉内膳正重昌秋元但馬守恭朝等三百餘騎ヲ従ヱ雑兵一千人駿州久能山ニ登ル天海僧正手ツカラ鋤鍬ヲ取ル是大織冠葬リヲ改ムル舊例也本多上野介正純土井大炊頭利勝松平右衛門大夫正久板倉内膳正重昌秋元但馬守恭朝成瀬隼人正正成安藤帯刀直次中山備前守信吉榊原内記照久等是ニ従フ

【現代語訳】

元和三年三月十五日、「大権現」を久能山から日光山に改め葬る。これは家康公の御遺命によるものである。

この日、寅の刻（午前四時前後）、天海僧正、本多正純、土井利勝、松平正綱、板倉重昌、秋元泰朝らが三百余騎を従え、雑兵一千人が久能山に登った。天海僧正はみずから鋤鍬を取った。これは藤原鎌足改葬の旧例にならうものである。本多正純、土井利勝、松平正綱、板倉重昌、秋元泰朝、成瀬正成、安藤直次、中山信吉、榊原照久らがこれに従った。

この段ではまず、「大権現を久能山から日光山に改め葬る」つまり「改葬する」ということが、真っ先に書かれていることに注目しておかなければなりません。しかもそれが「家康公の御遺命によるものである」と書かれているのです。

これについては、先の「天海だけが聞いた『遺言』」のところですでに見たとおりです。つまり、家康公は「日光に改葬せよ」とは言っておらず、そのような遺言は天海の創作だったのではないかということでした。

そして実際は、家康公の遺言にあった「勧請」が宗教儀式上は「遷宮」となり、「改葬」とも呼ばれたということでした。

以上を踏まえて『東武実録』の記述をじっくり読んでみると、やはり本当の意味での改葬ではなかったと読めるのです。

まず、「日光に改め葬る」と冒頭で書いているにもかかわらず、久能山埋葬の段では出てきた「御尊体」や「供奉」の語が、ここではどこにも出てきません。

「御尊体」とは、家康公の体のこと。遺骸です。久能山に埋葬する段では、この語がはっきり使われていました。

家康公を埋葬するのだから当然出てくる語であることになりますが、もし「改葬」が文字どおり遺骸を墓所から掘り出して日光へと運ぶことを意味していたのなら、ここでも同じように「御尊体」が出てこなければなりません。しかしまったくないのです。

そもそも何を「改め葬る」と書かれているかと見れば、「御尊体」ではなく「大権現」となっています。つまり「神霊を改葬する」と書かれているわけです。

次に、「供奉」とは、『東武実録』では、「御尊体に奉仕すること」という意味で使われていると読むことができます。久能山に埋葬する段ではこの語もはっきり使われていました。しかしそれ以降、出てきません。「供奉」が使われたのは久能山に埋葬の段だけだったのです。

つまり、こうした記述を見ただけでも、書かれている内容そのものは本当の意味での「改葬」ではない、ということになるのではないでしょうか。

また、「天海僧正はみずから鋤鍬を取った」との言葉も出てきて、そこだけを見ればさも「本当に改葬したんですよ」と書いているようにも見えますが、先に見たように、久能山に祀られた神体からの「勧請」だけでなく、墓所でも何らかの儀式を行ったことが考えられます。あるいは下図のようにしたのかもしれません。

しかしそうであっても、久能山に埋葬した段にあった「御尊体」や「神柩」が出てきませんし、「大権現（神霊）」を「改め葬る」となっているのですから、遺骸を掘り出して運んだという意味ではないと読むしかないのです。

もしかすると、これを編集した松平直冬と江戸幕府は、「読む人が読めばちゃんとわかるようにしておこう。嘘を書くわけにもいかないから、行間から事実がわかるようにしておこう」と考えていたのかもしれません。

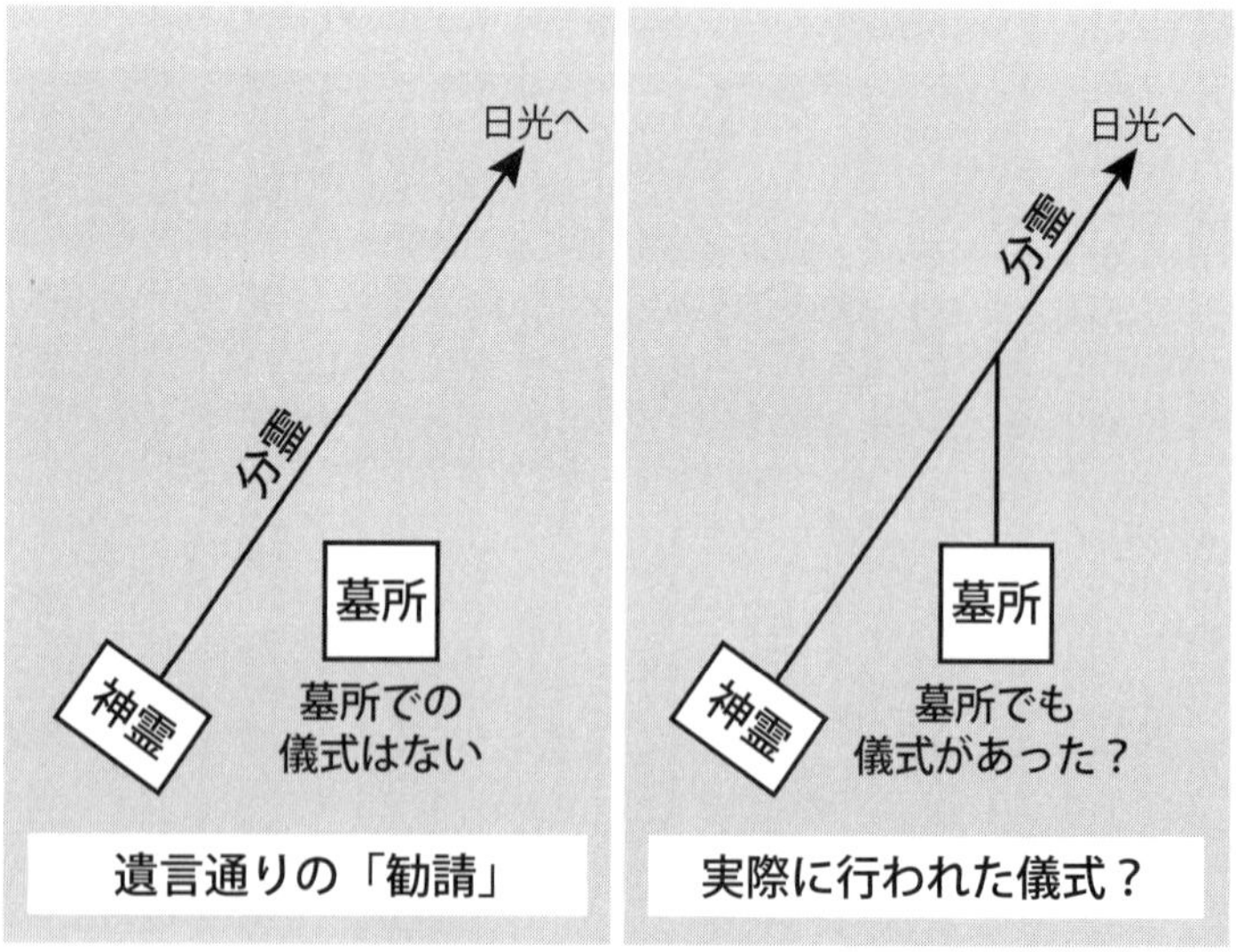

本来の勧請ではなく、墓所でも儀式が行われた？

全員が天海に従った

この「久能山出発」の段には、もう一つ、注目したい記述があります。

それは、最後に出てくる「これに従う」という言葉です。


ここに登場する幕府の重鎮たち、家康公の側近中の側近たちは、家康公の本当の遺言、つまり、本多正純、崇伝、天海の三名が家康公から直接言われた遺言を、家康公の生前から固く共有していたということで間違いないはずです。

それにもかかわらず、天海の指揮に、全員が素直に「従った」と書いているのです。


この大イベントが、もし文字どおりの改葬だったとしたら、本多正純を筆頭とするこの側近中の側近たちが素直に従うことなどあり得なかったでしょう。

文字どおりの改葬とは、「すでに埋葬されている遺骸を墓所から掘り出し、その遺骸を運んで別の墓所に埋葬すること」を意味します。

つまり、遺骸の運び出しなのです。

家康公は遺言で、自分の体については「久能山に埋葬せよ」と言い、榊原照久に「久能山に霊廟（墓所）を築いて生前と同じように我に奉仕せよ」と命じたのであって、墓所からまた掘り出せなどとは一言も言っていません。

もし本当に天海が「掘り出す」などと言い出せば、将軍秀忠公はどうしたでしょう。本多正純はどうしたでしょうか。

「家康公の遺言は久能山に墓所を築けだった」という事実を固く共有していた将軍秀忠公や本多正純ら側近たちが、遺言に反する遺骸の運び出しを許すはずはないのです。

歴史上、「遺骸の運び出し」に関わる揉めごとは起きていません。

『東武実録』にも、側近たち全員が、天海の指揮に素直に従ったと書かれています。

『東武実録』に限らず、リアルタイムで記録されてきた崇伝の『本光国師日記』や、梵舜の『舜旧記』などの史料を探しても、揉めごとといえるのは、せいぜいが「神号を大明神にするか、大権現にするか」という神号論争ぐらいのものでした。

遺骸を運ぶかどうか、久能山の墓所を廃止するかどうかで揉めごとがあったという史実はどこにも見当たらないのです。

ということは、天海は遺骸の運び出しなどしていなかった、『東武実録』では「改め葬る」

と銘打たれているものの、書かれている内容をよく読めば遷宮だった、そして、神霊が「柩」によって運ばれたことで、「改葬」とも呼ばれていたということなのです。

「遷宮」「改葬」とは呼ばれたものの、『東武実録』も注意深く読んでみれば、久能山に埋葬された家康公の遺骸（尊体）を掘り起こすなどということは決してなかったと読めるのです。

すべては家康公の遺言どおりだったのです。

『本光国師日記』は、久能山での埋葬を終えた翌月、江戸に行った崇伝が、増上寺の葬儀をもって「これも遺言どおり」であると書いています。

【本光国師日記　元和二年五月十二日板倉重昌への書状より原文】

當地増上寺にて御弔之儀。是も依御遺言執行候。

【現代語訳】

当地（江戸）増上寺にてお弔いの儀。これも御遺言により執行されました。

遺骸のない「霊柩」

「日光遷宮」を指揮した天海に全員が従ったという史実、遺骸運び出しに関わる揉めごとが歴史に存在しない事実をもって、家康公の遺言は間違いなく守られ、久能山の墓所は決して掘り出されていないということが、以上からもご理解いただけたと思います。

従って、日光へと「霊柩」が運ばれた史実があり、それが「改葬」と呼ばれた史実があっても、**「霊柩」の中身は家康公の遺骸ではない**というわけです。

『東武実録』で登場する「霊柩」を追ってみます。

【東武実録の原文】

（元和三年三月）

同十六日　靈柩三島ニ到ル此所ニ兩日　御逗留

同十八日　靈柩小田原ニ到ル此所ニ一日　御逗留

同二十日　靈柩中原ニ到ル

同二十一日　靈柩武州府中ニ到ル此所ニ三日　御逗留

同二十四日　靈柩仙波ニ到ル
同二十五日　酒井備前守忠利天海僧正を請シテ論議法問アリ
是日
大神君ノ姫君 浅野但馬守長晟室 江戸ヲ出輿紀州若山ニ赴キ給フ
同二十六日　天海僧正自ツカラ衆僧ヲ請シテ法華讀誦
同二十七日　靈柩忍ニ到ル
同二十八日　靈柩佐野ニ到ル本多上野介正純新タニ　神殿ヲ造テ靈柩ヲ請シ入レ奉ル
同二十九日　靈柩鹿沼ニ到ル悪日タルニ依テ逆施アリ此所ニ　御逗留
是月　日光山
東照大權現ノ御本社本地堂回廊御供所御厩造畢
四月四日　未ノ尅　靈柩日光山座禪院ニ入ル
（中略）
同八日　靈柩ヲ奥ノ院ビョウ※塔ニ納ム

【現代語訳】

（久能山出発当日の十五日は、烏丸光広《からすまるみつひろ》の『東照宮渡御記』によれば、静岡県富士市の善

得寺まで行って逗留していますが、『東武実録』では省略されています）

元和三年三月十六日、霊柩は三島（静岡県三島市）に至る。ここに二日間逗留。

十八日、霊柩は小田原城（神奈川県小田原市）に至る。ここに一日逗留。

二十日、霊柩は平塚中原の御殿（神奈川県平塚市）に至る。

二十一日、霊柩は府中（東京都府中市）の御殿に至る。ここに三日逗留。

二十四日、霊柩は仙波（埼玉県川越市の喜多院）に至る。

二十五日、酒井忠利が天海に願い出て論議（仏教で教義を問答の形で説明する法要）と法問（仏法についての問答を行う法要）を行う。家康公の姫君（浅野長晟《あさのながあきら》の妻正清院《しょうせいいん》）が江戸を出て和歌山に向かう。

二十六日、天海が大勢の僧侶に願い出て法華経を読む。

二十七日、霊柩は忍城《おしじょう》（埼玉県行田市）に至る。

二十八日、霊柩は佐野の惣宗寺《そうしゅうじ》（栃木県佐野市）に至る。本多正純が新たに神殿を造って霊柩を迎える。

二十九日、霊柩は鹿沼の薬王院（栃木県鹿沼市の薬王寺）に至る。悪い日であったため予定を変更して逗留。

この三月、日光山においては東照大権現の本社・本地堂・回廊・御供所《ごくうしょ》・厩《うまや》が完成する。

四月四日、未《ひつじ》の刻（午後二時前後）、霊柩は日光山座禅院に入る。
（中略）
四月八日、霊柩を奥の院ビョウ※塔に納める。

補足ですが、最後に出てくる「ビョウ」は、「廟」の字を「朝」の代わりに「苗」とした異体字です。当時はよく使われた字体ですが、**久能山に埋葬の段では「廟」の字がそのまま使われており、日光では区別したもの**と見られます。「廟（墓所）があるのは榊原照久への遺言通り久能山であり、日光にあるビョウとは異なる」という意味に読めるのです。

久能山を出発した元和三年三月十五日の記述には出てこなかった「柩」は、二日目の十六日から「霊柩」として登場しています。

久能から日光へと運ばれたのは「霊柩」だったと書かれているわけです。しかし肝心の「御尊体」の語は出てきませんし、「供奉」も出てきません。つまり、「霊柩」に「御尊体」は入っていないのだと、そう読むしかないように、あえて「行間を読め」とばかりの書き方がされているると読めるのです。

久能山埋葬のところでは、初めに「神柩」が出てきて、本多正純、松平正綱、板倉重昌、秋元泰朝の四名が「神柩」に供奉したと書かれていました。その後で、土井利勝が「神柩」に従ったと書かれていました。その後になって、成瀬正成、安藤直次、中山信吉の三名が「霊柩」に供奉したと記されていました。

もしそう書き分けられている通り、「神柩」と「霊柩」とが別のものだったとして、日光へ運ばれたのは「霊柩」でしたから、久能山に埋葬されたのは「神柩」だったと読むこともできるかもしれません。

そのあたりの真意になると何ともいえませんが、少なくとも『東武実録』に書かれていることもよく読んでみれば、家康公の遺骸の運び出しなど行っていないし、**霊廟そのものを日光に移すことはしていない**と読むことができるのです。

そもそも、容易に確認できることとして、**日光東照宮で「墓所」とされる「奥宮《おくみや》」が「廟」とは呼ばれていないという決定的な事実**があります。「廟」があるのは久能山だけで、「御《ご》廟所《びょうしょ》」とも呼ばれる「神廟《しんびょう》」ただ一つなのです。

様々な「文献」に何と書かれていようとも、これこそが、否定しようのない事実です。

史料『東照宮渡御記』

東照宮渡御記の全文

朝廷で高い地位にあった貴族で、歌人だった烏丸光広《からすまるみつひろ》が「日光遷宮」に同行して綴った文学作品があります。それが元和三年（一六一七）の『東照宮渡御記』（『御鎮座之記』とも）です。

『東照宮渡御記』を掲載した本はいろいろとありますが、ここでは、大正五年の須藤光暉《すどうみつてる》による大著『大僧正天海』から転載したいと思います。

本書にしてわずか5ページほどしかなく、ふりがなも付けてありますので、ここはゆっくりとお読みいただきたいと思います（基本的にそのまま転載しますが、ふりがなだけは読みやすいように現代仮名遣いに変えています）。

抑《そもそも》元和《げんわ》三《みつ》の年、久能《くのう》より尊體《そんたい》を日光山《にっこうざん》へ移《うつ》し奉《たてまつ》ることは、大織冠《たいしょくかん》を攝津《せっつ》阿威山《あいやま》より多武《とうの》峰《みね》に定恵和尚《じょうえかしょう》の渡《わた》し申《もう》されける例《ためし》なり。是御像《これおんぞう》のいやすきに在《おわ》します故《ゆえ》なるべし。天照《あまてる》御神《みかみ》も後《のち》にぞ倭姫命《やまとひめのみこと》五十鈴《いすず》の川《かわ》には鎮座《ちんざ》ありける。男山《おとこやま》の御神《おんがみ》をば行教《ぎょうきょう》宇佐《うさ》の宮《みや》より彼《か》の和《お》尙《しょう》の三《みつ》の衣《ころも》に舍《やど》らせたまふ。此《こ》の度《たび》は御現在《ごげんざい》の時《とき》より事《こと》のさま詳《くわ》しく大僧正天海《だいそうじょうてんかい》に御神約《ごしんやく》おはしまして目《ま》のあたり導《みちび》かれ在《おわ》しますをば神《かみ》の御《み》心《こころ》嘸嬉《さぞうれ》しくや饗《みそな》はすらん。古今《いにしえいま》さぞ理《ことわり》ゆめ違《たご》うまじくなん。然《しか》はあれど、凡人《およそひと》は此處《このところ》をさへ離《はな》れ在《おわ》しますを、肯《いか》で慕《した》ひ奉《たてまつ》らざらむも道理《ことわり》なり。僧正《そうじょう》も瑞牆《みずがき》の久《ひさ》しく馴《な》れ睦《むつ》び給《たま》ひけむ御名殘《おんなごり》を束《つか》の間《ま》も覺《おぼ》し忘《わす》れず、二月《きさらぎ》の佛《ほとけ》の御別《おんわか》れとても、賢《さか》しき尊者哀《そんじゃかなし》まずやは。是眞《これまこと》の道《みち》に違《たご》うべきにもあらず。さて神體《しんたい》は金輿《きんよ》に奉《たてまつ》る。大僧正《だいそうじょう》は御前《おまえ》に在《おわ》す。次に山門《さんもん》の碩學東關《せきがくとうかん》の學者《がくしゃ》ありふる限《かぎ》り集《あつま》る。巍々《ぎぎ》蜀《しょく》錦《きん》を綴《つづ》り綾羅《りょうら》を衣《き》る、目《め》を眩《かがや》かし耳《みみ》を驚《おどろ》かさずといふ事《こと》なし。御所《ごしょ》の御名代《ごみょうだい》には、土井大《どいおお》炊頭利勝朝臣《いのかみとしかつあそみ》、松平右衛門佐正久《まつだいらうえもんのすけまさひさ》、板倉内膳正重昌《いたくらないぜんのしょうしげまさ》、秋元但馬守泰朝《あきもとたじまのかみやすとも》等なり。騎馬《きば》の行《ぎょう》粧唐鞍美《そうからくらうつく》しく、馬副布衣《うまがいほい》の侍《さむらい》、雜色《ざっしき》さまに至《いた》るまで各綺羅《おのおのきら》を盡《つく》させたり。御旅所《おんたびしょ》は此方彼《こなたか》方新《なたあたら》しく造《つく》り營《いとな》まれしもあり。道《みち》は江尻《えじり》より清見《きよみ》を通《とお》らせ給《たま》ふに、向《むか》ひに三穂《みほ》の松原青《まつばらあお》やかに見渡《みわた》され、行《ゆ》く〳〵と久能《くのう》は隔《へだた》りぬれば、霞《かすみ》ぞ春《はる》は涙《なみだ》とゞまらねど、神輿《じんよ》は折々《おりおり》とゞまる。浪《なみ》の關守《せきもり》せきもとゞむるか、松原《まつばら》のまつとか思《おも》ふ。興津川《おきつがわ》の大海原《おおうなばら》に流《なが》れ入《い》るを見《み》ては、四《し》河入海同一鹹味《がにっかいどういちかんみ》とも、自然流入薩婆若海《じねんるにゅうさつばにゃくかい》とも觀《かん》じ給《たま》ふ。田子《たご》の浦《うら》に打出《うちいず》れば、濱傳《はまづた》ひに鹽《しお》焼《や》く煙一鞠《けぶりひとむす》びして、雲《くも》とやなり霞《かすみ》とや靡《なび》くらん。風《かぜ》は凪《なぎ》わたりて船《ふね》ども波《なみ》に浮《うか》べり。かゝる折《おり》にもかけぬ日《ひ》はなしと思《おも》ほす。今日《きょう》の御泊《おとまり》は富士山《ふじさん》の麓善德寺《ふもとぜんとくじ》なり。砌《みぎり》に散《ち》る櫻《さくら》あれば咲《さ》く櫻《さくら》もあり、是《こ》れ則《すなわ》ち常住《じょうじゅう》の理《ことわ》りなるにや。先《ま》づ初夜《しょや》の御法事名香《ごほうじみょうこう》の煙燻《けぶりくゆ》り滿《み》ちて花《はな》は四《よ》種《くさ》にぞ散《ち》り紛《まご》ふ、梵音《ぼんおん》は伽陵頻《がりょうびん》の聲恥《こえはず》かしく、六《むつ》の輪《わ》の響《ひびき》は六道《ろくどう》の衆生《しゅじょう》も實《げ》に苦《く》を免《まぬか》るべくぞ聞《きこ》ゆる。大衆《だいしゅ》の回向有《えこうあり》がたく泪《なみだ》も堰《せき》あへぬぞかし。御布施品々引渡《おふせしなじなひきわた》さるゝも嚴《いか》めしくや。後夜《ごや》の御法事《ごほうじ》には人《ひと》しづまりて、三月《やよい》十五夜《や》なれば、有明《ありあけ》の月《つき》の光《ひかり》も艶《えん》なり。僧正思《そうじょうおぼ》しけるは、生《あ》れまし神去《かんざ》りましゝ佛《ほとけ》も非生非滅《ひしょうひめつ》の相《よそお》ひを示《しめ》し給《たま》ふは、さしも草《ぐさ》しも御恵《みめぐみ》の餘《あまり》なればと示同凡夫《じどうぼんぷ》の假《かり》の御名殘《おなごり》を思《おも》ふには、墨《すみ》の袖《そで》も浮《う》くばかりになん。西行法師《さいぎょうほうし》の風《かぜ》に靡《なび》くと吟《よみ》し、小野茂景《おののしげかげ》が山《やま》立《た》ち離《はな》れ行《ゆ》く雲《くも》と詠《なが》めしも理《ことわり》と思《おも》へばかなし。

立《たち》おほふ霞《かすみ》にあまる富士《ふじ》の根《ね》におもひをかはす山櫻哉《やまざくらかな》

歌《うた》は我《わ》が邦《くに》の陀羅尼《だらに》にや。

十六日《にち》、吉原《よしわら》といふ所《ところ》を過《す》ぎて、浮島原《うきしまがはら》を通《とお》りおはしますに、萩《はぎ》の焼原《やけはら》のいつしかと萌《も》えわたりけるを見給《みたま》ひ、春風吹又生《しゅんぷうふいてまたしょうず》とぞすさみ給ひける。野徑茫々《やけいぼう》として境《さかい》を知らず、頭《こうべ》をめぐらせば、汀水洋々《ていすいよう》として際《かぎり》あることなし。かくて三島《みしま》に著《つ》かせ給ふ。供奉《ぐぶ》の行列昨日《きのう》に異らず。六十餘國《よこく》の人も先にと集ひたるべし、菅笠《すげがさ》を脱ぎて額《ひたい》に手を宛《あ》て、神輿《じんよ》を拝《はい》し奉《たてまつ》らぬ人なし。此明神《このみょうじん》は大通智勝佛《だいつうちしょうぶつ》の御垂跡《すいしゃく》となむ申せば、十劫座道場《ごうざどうじょう》、佛法不現前《ぶっぽうふげんぜん》と誦《じゅ》して法味《ほうみ》を參らせらる。今東照大權現《いまとうしょうだいごんげん》は、忝《かたじけ》なくも藥師佛《やくしぶつ》の御化現《けげん》なりとぞ。さるに由《よ》り照于《しょうう》東方、萬《まん》八千土《ど》の理《ことわり》をつくり合《あわ》せ、遙《はるか》に彼《か》の御山《みやま》に光《ひかり》をうつさせ在《おわ》しますものかと、其頃《そのころ》世の中に言ひのゝしりにき。不知夜歴月《いざようつき》は少し缺《か》けたりけれど御法文《ごほうもん》も前夜《よべ》にことを添へられたり。またの日《ひ》も此所《このところ》に在《おわ》します。遠《とお》き道《みち》にしあれば、人々《ひとびと》の勞《つか》れを思《おぼ》すも神《かみ》の御《み》心《こころ》を汲《く》みてなるべし。

明《あく》れば箱根《はこね》を攀登《よじのぼ》り給《たも》ふに、得《え》もいはず、山頭水色淡《さんとうすいしょくうす》く煙《けぶり》を罩《こ》めたり。漸《よう》々春《はる》も暮《くれ》行けば、菫《すみれ》など露茂《つゆしげ》く咲き、薄紫《うすむらさき》の由縁《ゆかり》をかけ奉《たてまつ》る人もあるべしと思《おも》ふに、又袖《またそで》濡《ぬ》れぬ。辛《かろ》うじて小田原《おだわら》に著《つ》かせ給《たも》ふ。はた御法事《ごほうじ》やむごとなくぞ聞《きこ》えける。

十九日《にち》もきのふにかはらず。

二十日《か》に餘綾磯《よみぎのいそ》を通り給ふに、蒼海杳《そうかいはるか》に見わたされて、巖《いわお》にかゝる浪は、雪かとまがひ、渚になびく雲は、花かとのみぞ見えける。磯あさりする海士乙女《あまおとめ》も、玉簾《たまだれ》の小瓷《こがめ》を空《むなし》くして、此神輿《このじんよ》をぞ拝《おが》み奉る。さて中原《なかはら》の御殿に著《つか》せ給ふ。御法事いとゞつき〳〵し。是《こ》れより六所宮《ろくしょのみや》あたり近き所なり。それは一國《いっこく》の總社《そうしゃ》とぞ承《うけたま》はる。東照大權現は西より南より越《こし》の白嶺《しらね》のゆき至らぬ御光《みひかり》やはあらむ。

廿一日《にじゅういちにち》、府中《ふちゅう》の御殿《ごてん》に著《つか》せ在《おわ》します。明《あく》る日も同じ所にて、様々の御法會尊《ほうえとうと》き事共あり。廿三日《にち》は山の端《は》知らぬ武藏野《むさしの》に入《い》らせ給《たま》ふ。草《くさ》より出《いず》るは月のみかは、茜《あかね》さす日《ひ》も、同《おな》じ萱《かや》生《ふ》より影長閑《かげのどか》に、霞《かすみ》にもるゝ春《はる》の眺《なが》め得《え》も言《い》はず。友《とも》に後《おく》れて歸《かえ》る雁《かり》の翼《つばさ》、物哀《ものあわ》れなりければ、僧正《そうじょう》

おもほえず霞《かすみ》の袖《そで》をぬらしけり行《ゆ》くも歸《かえ》るもかりの涙《なみだ》に

掘兼《ほりかね》の井《い》は右に見て通り、決定《けつじょう》知《ち》近水《こんすい》心《こころ》にうかぶべし。今日は仙波大堂《せんばだいどう》に留《とどま》らせ給ふて同《おな》じき廿六日《にち》まで在《おわ》します。此處《このところ》は昔仙芳仙人開闢《むかしせんぼうせんにんかいびゃく》し、慈覺大師中興ありて、其後尊海僧正《そののちそんかいそうじょう》又《また》おこし給ふ、勅額數代《ちょくがくすうだい》の聖蹟《せいせき》などもあり、かゝる聖地《せいち》なれば、是《これ》にて論題《ろんだい》をいだされける。一生入妙覺《いっしょうにゅうみょうかく》となん。問答重難善盡《もんどうじゅうなんぜんつ》くし美盡《びつ》くせり。御證義《しょうぎ》は元より大僧正殊更《ことさら》に明智《めいち》巨海《こかい》を照らし、辯舌懸河《べんぜつけんが》を流せり。則《すなわ》ち初後《しょご》に於《おい》て不二《ふに》と判《はん》ぜられたれば、理《ことわり》ならぬ限りなき御功徳《くどく》にもあるかな。法會《ほうえ》過ぎて、川越《かわごえ》の城主酒井備後守《さかいびんごのかみ》、さゝげ物にあし多く積み上げ、山も更に動き出《い》でたるやうに見えたり。此城中《このじょうちゅう》は、名に負ふ三芳野《みよしの》の里《さと》なりけり。在五羽《ざいごう》林《りん》の、いつか忘れんと詠《よ》みし所。天滿天神鎮守《てんまてんじんちんじゅ》なれば、花の絶え間に松なども見えたり。むさし雁《かり》やしたひ來《き》にけん、同じつらに二聲三聲《ふたこえみこえ》おとづれければ、

　歸《かえ》るさを雁《かり》やたよりてみよし野の花には路《みち》のはるもなからん

供奉《ぐぶ》の中《うち》に、たのむの風に花のさそはるゝを見て、

　春風《はるかぜ》を袖《そで》におぼえぬもろ人《びと》はうらみたるべき三芳野《みよしの》の里《さと》

廿七日《にち》に川越《かわごえ》をわたり、忍《おし》の御城《おしろ》に著《つ》かせ給ふ。修法《しゅほう》は例《れい》の如《ごと》くなり。明《あく》る日は館林《たてばやし》を御中《おんなか》やどりにて佐野《さの》に著《つ》かせ給ふ。下野《しもつけ》といへど舟橋《ふなばし》もや架《か》けぬらん、掃《はら》ひ磨《み》がける玉鉾《たまぼこ》の行きかふ袖に、春もいまはの躑躅《つつじ》、山吹《やまぶき》、藤《ふじ》など折りかけ暮らしぬ。廿九日《にち》になれば、佐野《さの》を一里程を行きて、與窪《よくぼ》といふ所あり、慈覺大師生湯浴《じがくだいしうぶゆあ》み給ふ故《ゆえ》と

かや、岩船《いわふね》の地蔵薩埵《じぞうさった》左《ひだり》に立たせ給ふ、隠《かく》れなき魔所《ましょ》にぞありける。神輿《じんよ》と申《もう》し、尊《とうと》き訶摩《かま》の相《そう》おはする僧正の剣索《けんさく》の印《いん》など物《もの》し給《たま》ひ、許多《あまた》の御警固《ごけいご》といひ、何《なん》の恙《つつが》あらん、上中下《じょうちゅうげ》事《こと》なしに富田《とみた》を通り、栃木《とちぎ》といふ所を過ぎてぞ、音《おと》に聞《き》く室《むろ》の八島《やしま》は見えける。さては名高《なだか》き所《ところ》にて、俊成《しゅんぜい》、定家《ていか》の兩卿《りょうきょう》も秀歌《しゅうか》をや詠《よみ》し、さて彼《か》の御名殘《おんなごり》には、胸《むね》の煙《けむり》も空《そら》せばき心地《ここち》して、泪《なみだ》は水よりも流れぬ。かくて鹿沼《かぬま》に著《つ》かせ給ふ。今日一日經《た》ちて春も暮果《くれは》てにけるよなど言ひて、御法事例の如くありがたく聽聞《ちょうもん》の後《のち》、今宵《こよい》は各《おのおの》彌生《やよい》の限《かぎり》を惜《おし》まんと語《かた》らひ合ひつゝ涙《なみだ》そゝり春《はる》の盃《さかずき》めぐり行けば、曉《あかつき》の鐘《かね》にうち驚《おどろ》かされぬ。

卯月一日《うづきついたち》にもなれば、蟬《せみ》の羽衣《はごろも》にたち更《か》へんも花《はな》の形見《かたみ》ただならず移《うつ》り行《ゆ》く光陰《こういん》こそ矢よりも速《はや》ければなど言ひつゝ是《これ》に同じ三日《か》まで在《おわ》す。如在《にょざい》の禮奠御法事《れいてんごほうじ》六の時《とき》おこたらず、猶《なお》きやうさらなり。

四日《か》には日光山坐禪院《にっこうざんざぜんいん》に著《つ》かせ奉《たてまつ》り給《たも》ふ。此程《このほど》より大僧正扈從《だいそうじょうごじゅう》の人々に周《あまね》く示し聞《きか》せ給ふやう、夫神《それかみ》は混沌《こんとん》の初《はじめ》を守るが故に、生死《しょうじ》二つの相《そう》を取り給はず。六塵《じん》の堺《さかい》に交《まじ》はるは、暫《しばら》く和光《わこう》の結縁《けちえん》なり。然《しか》のみにあらず、掛巻《かけまく》も公《おおやけ》より畏《かしこ》き神號《しんごう》を授け進《まい》らせられ、復《また》なき一《ひとつ》の位《くらい》に崇《あが》め拜《はい》させ給ふ、歡《よろこび》びの上の歡《よろこび》びにあらずや。御門《みかど》よりはじめ、御家運《かうん》は久方《ひさかた》の天《あめ》長く、荒金《あらがね》の地久《つちひさし》く擁護《ようご》し在《おわ》さんこと著《いちじる》しと。此時《このとき》各《おのおの》笑《え》み榮《さか》えて、萬歲《ばんぜい》をぞ呼《よば》はれける。それが中に

東《ひがし》より照《てら》さむ世々《よよ》の日《ひ》の光《ひか》り山《やま》も動《うご》かぬためしにはして
いづれも同《おな》じ心《こころ》ばえなれば、許多《あまた》記《しる》すに筆遑《ふでいとま》あらず。
かくて佛誕生日《ぶつたんじょうび》に、御廟塔《ごびょうとう》に御定座《ごじょうざ》あり。偖《さて》十六日《にち》に新造《しんぞう》の御社《おんやしろ》に遷御《せんぎょ》なし奉《たてまつ》らむと、
議定《ぎじょう》ありけるとぞ。

『東武実録』の記述

このように『東照宮渡御記』には、天海指揮による「日光への遷宮」の様子が書かれていますが、他に一次史料といえる文献はなかなかありません。

しかしまったくないのかというと、どうやらそうではなかったようで、たとえば、『東照宮渡御記』から六十年以上経った時代にまとめられた『東武実録』を見ると、『東照宮渡御記』には書かれていない史実も記載されています。

三月二十八日に、佐野（栃木県）で本多正純が新しい神殿を造営して霊柩を迎え入れたという記述がその例です。

【原文】

同二十八日　靈柩佐野ニ到ル本多上野介正純新タニ　神殿ヲ造テ靈柩ヲ請シ入レ奉ル

『東武実録』をまとめた江戸幕府は、幕府ですから当たり前といえますが、幕府独自の記録や史料を持っていたということです。

それが現代まで、どこまで現存しているものなのか、そのあたりはご存じの方にご教授いただかなければなりませんが、私のようなそもそも門外漢の一記者が知らない史料がまだある（あった）ということだと思います。

現代から四百年以上前に行われた「日光遷宮」も、『東武実録』からみれば六十年と少し前に行われたことです。貞享元年（一六八四）に『東武実録』が完成してから令和元年（二〇一九）となった今年まで、三百三十五年の年月が経過しているわけですが、その間に当の江戸幕府はなくなっています。明治維新によって大日本帝国となり、諸外国との戦争、敗戦、占領も経てきています。その間に失われた一次史料には、おそらく「日光遷宮」の全てを明らかにする記録も含まれていたことでしょう。

そのように失われた史料というものに思いを馳せると、『東照宮渡御記』という文学作品の史料としての頼りなさが悲しくなってきます。それでも一応ということで、内容についても少しだけ見ておきたいと思います。

まず冒頭ですが、全体の四分の一を費やして、元和三年三月十五日、つまり久能からの出発当日のことが書かれています。

「久能より尊體《そんたい》を日光山へ移し奉る」という記述が出てきますが、この「尊体」は「家康公の遺骸」を意味しないとみてよいでしょう。

これまで見てきたように、大権現の神号決定を受けて「勧請」から変わった「日光遷宮」は、行為としては勧請と変わらず、宗教儀式としてのみ「遷宮」と呼ぶべきものに変わったのです。それは決して遺骸の運び出しを意味する「改葬」ではなく、烏丸光広が「尊体」と書いていることで遺骸を運んだとまで断定することはできないと思います。

あるいは作者の烏丸光広が遺骸は本当に運ばれたと思いこんでいて「尊体」と書いた可能性もないとはいえませんが、死後一年近くを経た家康公の遺骸を高貴な身分の作者が自分の目で確認したということは考えにくいと思います。

つまり、烏丸光広が遺骸を見た証人として「尊体」と書いたとは思えません。

「尊体」の語についてはそのようにスルーして読んでいくと、同じ初日の内容の中に、「さて神體《しんたい》は金輿《きんよ》に奉《たてまつ》る」と、別の言葉が出てきます。今度は「神体」だというのです。

そこで「尊体と神体はそれぞれ別の輿《こし》で運ばれたんじゃないか？」と考える方もおられるかもしれませんが、すでに『東武実録』の記録を見たとおり、運ばれたのは「霊柩」ただ一つでした。さらにずっと後の時代になってまとめられた『徳川実紀』を読んでみても、久能山を出発する三月十五日のところで「神柩」の語も出てきますが、あとは最後までずっと「霊柩」しか出てきません。

運ばれた柩が一つだけだった以上、『東照宮渡御記』に書かれた「尊体」と「神体」は同じものを指していると考えていいのではないでしょうか。

柩で運ばれたのは目に見えない神霊だった

『東照宮渡御記』は、全体が文学作品として美しいので、それは読者のみなさんにじっくくり味わっていただくとして、そのラストシーンの記述も確認しておきます。

「かくて佛誕生日《ぶつたんじょうび》に、御廟塔《ごびょうとう》に御定座《ごじょうざ》あり。偖《さて》十六日《にち》に新造《しんぞう》の御社《おんやしろ》に遷御《せんぎょ》なし奉《たてまつ》らむと、議定《ぎじょう》ありけるとぞ」

お釈迦さまの誕生日である元和三年四月八日に、「霊柩」が奥の院廟塔に納められたということは『東武実録』に書かれていたこととも一致しています。

「奥の院」というのは、現在の日光東照宮で「奥宮《おくみや》」と呼ばれている場所のようです。

それから十六日になって、新造の本殿に「遷御」したと書かれています。これについて『東武実録』は、「同十六日　神ヲ假ノ　殿ヨリ正殿ニ遷シ奉ル」としています。

この「神」とは、本書ですでに確認したとおり、御鏡《みかがみ》などの「神霊代《みたましろ》」に入った「神霊」のことです。

久能から来たたった一つの「柩」である「霊柩」そのものは、この「神霊」を日光まで運んできたことでその役目を果たし、四月八日に「奥の院」の宝塔の下に安置されたわけです。

その「霊柩」から取り出された、「神霊」が「假《かり》ノ殿」（仮の社殿）に安置されていたのですが、それが改めて新造の本殿に遷されたということです。

『東照宮渡御記』の「新造《しんぞう》の御社《おんやしろ》に遷御《せんぎょ》」というのもこのことを言っていて、史実としても一致しています。

奥の院の宝塔の下に納められた霊柩が、その時から空っぽになっていたということも考えにくいので、もしかすると家康公の遺髪であるとか、久能山の墓所の土であるとか、何かが納められているのかもしれません。


というわけで、どこまでも美しく旅情あふれるこの『東照宮渡御記』によって、東照大権現の御鎮座が宣言されたことになるわけです。

天海は、後年さらに『東照社縁起』を編集し、自ら主導した儀式による神「東照大権現」が信仰を集めるようになっていくわけですが、いずれにしても、久能から日光に運ばれた「霊柩」の中に、家康公の遺骸が入っていたとする論拠となりそうな史実は、『東照宮渡御記』も含め、歴史には存在しないと考えて間違いないのではないでしょうか。

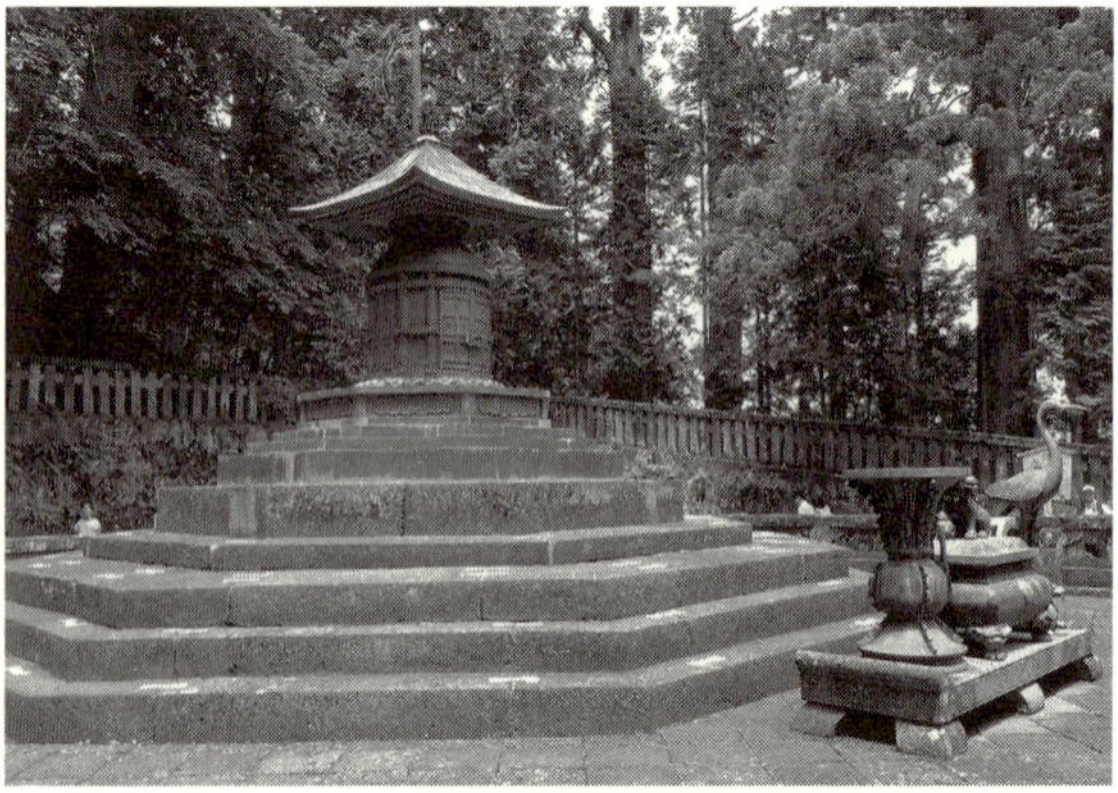
日光東照宮奥宮御宝塔

埋葬の方法

久能山に埋葬されて神となる

家康公が「自分の体を久能山に、立てて、西を向けて埋葬せよ」とはっきり伝えたのが、榊原照久への遺言でした。

家康公はかつて豊臣秀吉公に、「自分のために命を捨ててくれる家来たちに恵まれていることこそが我が宝だ」と語ったといいます。

戦に次ぐ戦で大事な家来を失ってきた家康公ですが、もし家来たちの命が火薬や鉄砲玉のように「使い捨て」でいくらでもあるという意味では「宝」にはなりません。かけがえのない尊さがあってこその宝ですから、家来たちの命がいかに尊いものかを思っての言葉だったはずです。

家来たちが家康公のためなら命もさしあげましょうと戦ってくれたということも、それだけ一人ひとりが尊い存在として大事にされ、よく理解されてきたからでしょう。

家康公が死んで神として祀《まつ》られるということができたのも、幕府の中枢にいた家臣、側近たちの厚い忠誠心あってのことです

「もうこれで戦のない世の中にしたい」「善男善女の尊い命を奪ってはならない」

こうした強い思いを引き継いだ家臣、側近たちは、家康公の遺志に従って、それを満足させる以上の形で実行したようです。

その遺志の一番最初が、体を久能山に埋葬し、霊廟（墓所）を築くことでした。

「絶対にご遺命に従わなければならない」というのは当たり前すぎるほどに当たり前のことだったわけですから、駿府城で息を引き取った家康公の遺骸は、これから速やかに神となるべき「尊体」として、久能の山頂近くへと運ばれ

久能山東照宮神廟

ました。

運ばれたのはその日の夜で、小雨が降っていたそうです。その中を民衆に見られないよう、知られないよう、細心の注意を払って柩が運ばれたといいます。

遺骸の納められた柩は、おそらく輿の中に納められて担いで運ばれて、久能の山頂で「神廟（家康公の墓所、霊廟）」となる場所に埋葬されました。

人であった体を神にするための儀式は、豊臣秀吉を神に祀った実績のある吉田神道という神道の儀式で行う必要があったため、梵舜が榊原照久にも指導して執り行いました。

神廟の地中の構造

儀式の方法以上に気になるのが、「どうやって埋葬されているのか」ということです。

右ページの写真に見るように、久能山東照宮の神廟は、社殿裏手の高いところにあります。

幾層にも積み上げられた巨大な石を台座として高く聳えるのが、巨石を彫って作られた宝塔です。

宮司さんがかつて石材組合の方に計算してもらったところ、「宝塔の屋根だけでももとの石が二十トンはないと切り出せない」と言われたそうです。

「まえがき」でも書きましたが、この宝塔の中に入ったことがあるのは宮司さんだけだそうです。実際に入って拝まれた宮司さんによると、中に厨子《ずし》があり、その中に寄せ木で着彩された家康公の坐像と、左右に山王権現《さんのうごんげん》と摩多羅神《またらじん》と思われる像があったそうです。

それではいよいよその下、地中深くにある徳川家康公の「御尊体」(遺骸)がどのように埋葬されているかに迫ってみます。

もちろん、埋葬されてから一度も掘り返されたことはないのですが、ある程度は詳細にわかっているといってもいいようです。

まず宝塔の下には台座となる巨石が積まれています。これは外からでも見える部分で、宝塔の座面に上がるには九段の階段がありますから、その分の高さがあるということになります。

その下には、外からは見えませんが、石室の蓋になる巨石があり、蓋も大変に巨大であるはずです。

そしてその下に石室があります。

石室の中には、おそらく輿が入っていて、それをお神輿を担ぐようにして運んできたと考えられます。

そしていよいよ柩ですが、輿の中にある柩は、中に家康公の体が横たわっているわけではなく、遺言どおりに「立て」られて、つまり座った姿勢になっていますから、その姿勢の体がちょうど納まる大きさと形になっていると考えられます。

増上寺の発掘調査

ここまで書くことができたのは、昭和三十三年（一九五八）の八月から、東京芝の増上寺にある徳川将軍家の墓所が発掘されたことがあったからです。

増上寺にあった将軍家の墓所は、戦災で破壊されてひどい状態になってしまったこともあり、改葬しなければならなくなりました。

増上寺には二代将軍秀忠公、六代将軍家宣《いえのぶ》公、七代将軍家継《いえつぐ》公、九代将軍家重《いえしげ》公、十二代将軍家慶《いえよし》公、十四代将軍家茂《いえもち》公の六人の墓所と、他にも将軍家の人たちが埋葬されたお墓があったのですが、その全てを改葬するために発掘し、当時の徳川宗家第十七代当主だった徳川家正氏の了解をもらって学術調査が行われました。

人類学者で当時東京大学理学部教授だった鈴木尚《ひさし》氏も調査に加わり、『骨は語る 徳川将軍・大名家の人びと』（東京大学出版会）という著書の中で、将軍の墓所の中がどうなっていたかについて詳細に書いています。

暑いさなかの八月、最初に発掘された二代将軍秀忠公の墓所の敷地は、増上寺に埋葬された六人の将軍のうち最も大きく別格でした。

他の将軍五人の墓所は、増上寺の平地から数十段の石段を上がった高いところに集まっていて、その中でも、六代将軍家宣公の墓所が一番立派だったそうです。

墓所の地中に現れた秀忠公の墓の詳細について、『骨は語る 徳川将軍・大名家の人びと』

に書かれている内容をもとに紹介します。

発掘にはまず巨石を取り除かなければならなかったそうです。宝塔は戦争で破壊されてなくなっていましたが、宝塔の台座には巨大な石が使われ、外から見える部分だけでも何層にもなっていて、それを全部取り外すと、重さにして二十トンはあろうかという石の「蓋」があったそうです。「二十トン」というのはこの本に書かれていませんが、石材に詳しい我が友人、彫刻家の岩崎幸之助氏が写真を見て割り出してくれた重さです。

その蓋を持ち上げて外した下に石室があって、その石室の大きさは、縦・横・高さともおよそ一間《けん》（約一メートル八十センチ）ずつです。その中に柩を納めた輿が入っていて、秀忠公の体は柩の中で座った姿勢をしていたということです。

柩は、昔ながらの家庭用「木桶風呂」のような形をしていたそうです。木桶風呂というのは、小判型の円筒形をしているヒノキでできた風呂桶です。

その柩の大きさは、幅が八十二センチ、奥行きが六十七センチ、高さが九十一センチあったそうです。

そして秀忠公の体は、肖像画にもあるような正装をしていました。正しくマゲを結って冠を着け、左側に太刀、右側に小刀が置かれていて、たくさんの衣類も入れてあったといいます。

六代将軍家宣公の墓所の発掘は、同じ昭和三十三年の十一月になってから始まっています。宝塔と台座の石の下に現れた石室は、秀忠公の墓所石室の四倍近くあるという大きなものだったそうで、木炭と石灰がぎっしり詰められた二重の石室の中に、さらに二重の柩（青銅でできた柩と、その中にヒノキでできた木製の柩）があったそうです。

この青銅と木の柩を合わせると、重さは八百キログラム以上あったといわれていて、重かったのは外側の青銅の方ではなく、内側の木の柩の方だったといいます。

重かった原因も『骨は語る 徳川将軍・大名家の人びと』の中ではっきり特定されています。木の柩の中に水銀朱（硫化水銀）がおよそ五百キログラムも入れられていたからだそうです。

水銀朱、石灰、木炭などは、いずれも遺骸が腐敗しないよう、なるべく長くそのままでいられるようにと施された処置でした。

二人の将軍の墓から想像する

将軍の墓所の内部の様子について、秀忠公と家宣公の墓所を例に『骨は語る 徳川将軍・大名家の人びと』から紹介してみましたが、久能山の家康公の神廟の地中はどうなっているのでしょうか。

これは、ちょっと想像力を働かせなければなりません。

（1）秀忠公墓所ぐらいの比較的質素なもの

（2）家宣公墓所ぐらいの規模も大きくかなり念入りなもの

まず秀忠公ですが、とても従順で素直な性格だったといわれています。家臣たち同様に、父家康公の言いつけを素直に守り、将軍職への姿勢も謹厳実直だったと伝わっています。家康公が病に倒れたとき江戸から一晩で駆けつけたということも先に見ていただいたとおりです。

さらに面白い逸話もあります。

大道寺友山《だいどうじゆうざん》が書いた『駿河土産』という江戸時代中期の逸話集によれば、秀忠公は自分より先に他界していた崇源院《すうげんいん》（江《ごう》の名で知られる秀忠公の二番めの正妻）の墓所よりは良く見えるように造れと遺言していたというのです。

この逸話からは、秀忠公という人は、自己顕示欲などというものとはほぼ無縁の将軍であったことが伝わってきます。

そんな秀忠公ですから、自分の墓所のつくりについては、久能山の家康公の神廟をならっただろうということはわかりますが、久能山神廟を超えるような墓所にしたとも思えません。

次に家宣公ですが、亡くなったのは正徳《しょうとく》二年（一七一二）で、家康公が亡くなってから百年近く経っています。この時代には国の経済も発展し、江戸の人口も百万人ぐらいと、当時の世界最大の都市になっていたともいわれています。

家宣公の墓所が立派だったのも、経済的な豊かさを反映してのことだったのかもしれません。

となると久能山の神廟（家康公の墓所）の下はどうなっているのでしょうか。

おそらく秀忠公の墓所よりはるかに立派なものだと考えられます。

あるいは、豊かな時代だった家宣公の墓所より立派なものかもしれません。

これだけは間違いないだろうと思われるのは、秀忠公の墓所にあり、家宣公の墓所にもあった石室と、石室の蓋になっていた何十トンもの巨石が、家康公の神廟の地中にもあるはずということです。その上に積み上げられた宝塔の台座としての巨石は外からでもある程度は見ることができます。

また、秀忠公の柩にはなかったようですが、家宣公の柩にあった「防腐処置」が、家康公の柩にも施されていた可能性もあるかもしれません。

水銀朱を使って遺骸の防腐剤にすることは、古代中国から盛んに行われてきた方法で、日本でも弥生時代や古墳時代から行われ、江戸時代には金座や銀座のように朱座もあったそうですから、家康公の柩の中も、同様に防腐処置されていると想像することができます。

もしそうだとすれば、家康公の柩も数百キログラムもの重さになっていたということになります。

このように、増上寺の将軍家霊廟の発掘調査から、家康公の霊廟である久能山東照宮神廟の地中深くがおおよそどうなっているかが想像できたと思います。

家康公の体が埋葬されている深さというのは、神廟に向かう参道石段の途中にある広い踊り場（写真）の高さだろうと考えられます。

そう教えてくださったのは、久能山東照宮公認ボランティアガイドの星野弘平さんです。星野さんはほとんど毎日というほどに久能山東照宮の神廟に見えて、全国から訪れる参拝客に、久能山の知られざる事実を熱く語っています。

踊り場から神廟の宝塔を望む（手前三角の石が正面）

星野さんによれば、将軍らがその踊り場に正座をして神廟の宝塔に向かうと、正面の地中深くにいる家康公とちょうど同じ高さで対面する形になったとのことです。

今の時代では誰にでも公開されている神廟ですから、私たちはその踊り場からさらに九段ある階段を上がって神廟の敷地内に入り、家康公よりも高いところから気軽に宝塔を拝んでいるわけですが、この話を聞いたら、踊り場よりも上に行くのが申し訳ない気持ちになってきます。
　その罪悪感に耐えられないという人には、下の写真のように、踊り場で正座をして地中の家康公との対面を試みてもよいかもしれません。罪悪感がなくなれば、ご利益もすんなりと得られるのではないでしょうか。

　ちなみに、久能山東照宮神廟が一般に公開されるようになったのは、昭和四十年（一九六五）の御鎮座三百五十年大祭のときからです。日光東照宮の奥宮も同じころから一般公開されるようになったとのことです。

踊り場で正座する筆者

天海の歌

「く」のなき神の宮遷し

久能山東照宮の古文書には、非常に興味深い史料があります。それは宮司さん（久能山東照宮の落合偉洲宮司）が各地での講演で紹介されてきた天海の和歌です。

『久能山叢書《そうしょ》』という、久能山に保管されてきた古文書の全てを久能山東照宮社務所が整理した貴重な資料があるのですが、その中で引用されていたり、『駿國雜志《すんこくざつし》』などの歴史書にも引用されているものです。その歌を掲載します。

従久能日光へ　御尊躰御遷宮之時慈眼大師
あればあるなければなきとするがなるくのなき神の宮うつしかな

歌の前文にある「従久能」というのは「久能から」という意味です。「慈眼大師」は天海僧正のことですから、「久能から日光へ御尊体（御遺骸）を遷すときに天海僧正がこう詠んだ」

が前文の意味です。
ここでも「御尊体」という語が使われています。『東照宮渡御記』の冒頭にあった「御尊体」です。もしこれが本当に元和三年三月十五日の、天海指揮による「日光遷宮」出発のときに詠まれたものだとすると、その出発のときには「御尊体」という語が使われていたとも考えられますが、その意味するところが「家康公の遺骸」というわけではないことは、すでに見てきたとおりです。

歌の中には、「駿河なる久能」とも読めそうな部分があります。
しかしこれを「あればあるなけれ

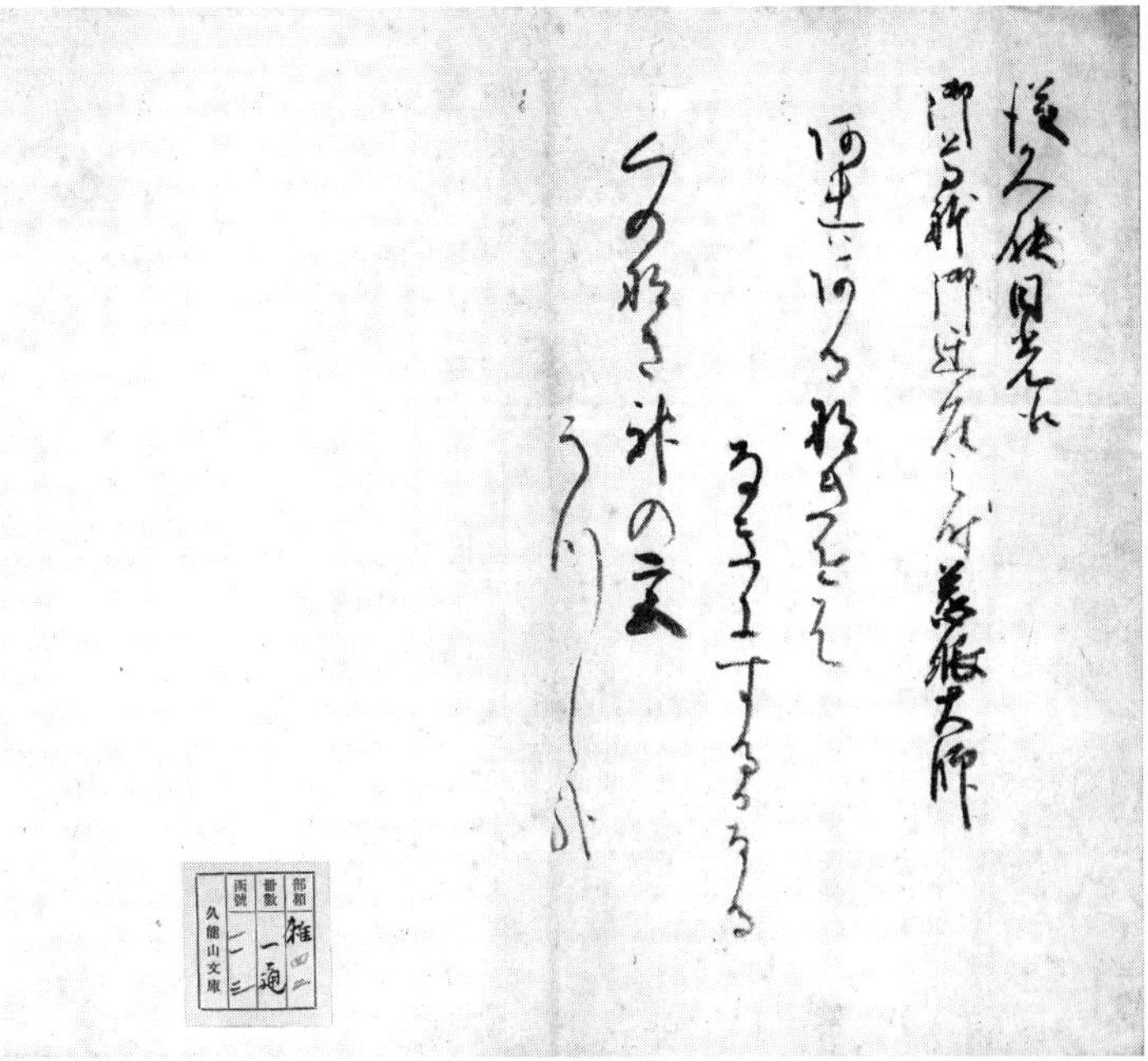

天海の歌（久能山東照宮蔵）

ばなきと駿河なる久能なき神の宮うつしかな」と読んでしまうとさっぱり意味がわからなくなってしまいます。

「久能がない」などということはありえないことで、家康公が埋葬された久能山がここにあって、そこからいざ日光山へという事業が大前提としてあるわけですから、「くの」の部分を「久能」と読むことはできません。

「駿河なる久能」にかけた言葉であることは間違いないとしても、「なければなきとするがなる」は、「なければないとするがよい」と読めるところですから、そこで問題になるのは「くのなき神」という言葉、中でも「く」が何を意味するのかということです。

【意訳】

あると思えばあるし、ないと思えばないとするがよい。これはくのなき神の宮遷しなのだ。

そこで「く」の意味を、仏像などの御本尊や神さまの御神体を数えるときの助数詞「軀《く》」と読むことによってこの和歌の意味が通ると、これまで宮司さんは説明されています。

前文には「御尊体」を「遷宮」すると書かれていますから、運ぼうとしているのは家康公の御遺骸そのものだとも読めそうなのですが、実は「体のない神」を「宮遷し」するのだと、天海僧正は言っていると理解できるわけです。

秘密の埋葬とこれ見よがしの金輿

そう読めば、というよりも、他に読みようがないと思いますが、実際には天海は、家康公の体を日光へ運ぶつもりなどなかったということになります。

これを今風にわかりやすくいえば、

「久能山から遺骸を移すことは絶対にできないから、霊柩の中に遺骸はないんだけどね、このようにして日光へ運んで行くんだから、御尊体の改葬といっておけばそう信じてもらえるだろう」

と言っていたことになるかもしれません。

この「宮遷し」は千三百人規模の大行列をなして、各地で連泊しながらゆっくりゆっくりと日光へ向かいました。

家康公が亡くなって駿府城から久能山にその体が秘密裏に運ばれたときとは打って変わって、「柩」はきらびやかな金の神輿《みこし》に乗せられ、これ見よがしに練り歩いて行ったのです。

「家康公の体は久能山から日光山へ移された」と信じられるようになったのはそれからのことです。

日光東照宮参道

家康公は久能山にありと詠んだ家光公

家光公の久能山参詣

天海が久能山に残した和歌につづいて、もう一首、東照大権現への崇敬が特別厚く、天海にも深く帰依していた三代将軍徳川家光公が残した和歌を紹介します。

家光公は久能山に三回参詣していて、特によく語られるのが、寛永十一年（一六三四）六月二十六日の参詣です。新暦でいえば七月も後半ですから、夏の暑さも本番を迎えていたことでしょう。

特別に厳重な警備体制の中でしたが、家光公は馬も駕籠《かご》も使わず自ら石段（次ページ写真）を徒歩で上り、下りるにも徒歩だったといいます。

迎えたのが家康公を看取って初代の祭主となっていた榊原照久で、家光公は当時満三十歳になる少し前、榊原照久は天正十二年（一五八四）の生まれとされますから、満五十歳になる年のことです。

東照大権現の意味

その時に家光公が久能山でこの歌を詠んでいます。

東より、照す光の、爰《ここ》にありと、けふ詣《まうで》する、久能の御社《みやしろ》。（『駿國雑志巻之四下』）

家光公は上洛のたび、先に久能山に参詣していたといいますが、この歌もその文脈の中で詠まれたものです。

そしてこの歌には、「東から西を照らす光」であると、東照大権現の意味が明確にされています。

家光公のころには、江戸の将軍さまがいくら

久能山東照宮参道石段

偉くても、京の天皇に会うために上洛していました。朝廷の承認がなければ将軍家は成り立たないのですから当時はそれが義務でしたが、戦乱の時代を終わらせて天下泰平を築いたのは朝廷そのものではなく、東照大権現となった祖父の徳川家康公です。

家光公は、祖父が朝廷の承認を得たことを誇る以上に、祖父自らが太平の世を築いたことを誇りに思っていたことでしょう。

また、久能山の御尊体である家康公の体が、朝廷のある真西を向いて埋葬されていることも、将軍として当然知っていたはずですから、この歌の意味をより正確にいえば、

「ここ久能山に鎮座している東照大権現は西を照らす光である。我は今日まずその光に参詣し、光によって照らされる京へと向かうのだ」

となるのではないでしょうか。

摩多羅神と久能山

家光公が帰依していた天海も、久能山の神聖なることは知っていたはずです。

そもそもこの久能山を開いて久能寺を立てた久能忠仁《くのうただひと》という人は秦久能《はたのくのう》とも呼ばれ、飛鳥時代に推古天皇と聖徳太子に仕えた秦河勝《はたのかわかつ》という実力者の孫だったということが『久能寺縁起』に書かれています。

この秦河勝も神格化されていて、摩多羅神《またらじん》と同一視する見方（服部幸雄『宿神論―日本芸能民信仰の研究』）もあるようです。

摩多羅神というのは天海の天台宗の本尊の一つであり、山王権現とともに東照大権現の両脇に祀られてきた東照宮の神です。

秦氏が摩多羅神の起源であるということを天海が知っていたのであれば、久能山は天海にとっても特別な山だったことにもなるかもしれません。もしそうなら、天海は日光ばかりを大事にして久能山を軽んじたことは決してなかったということの傍証にもなりそうです。

日光の大改築と久能山

家光公が久能山でこの歌を詠んだ寛永十一年（一六三四）という年は、「寛永の大造替」と呼ばれる日光東照宮の大改築が行われた年でもあります。

久能山は祭礼の日を除き一般立入禁止でしたから、通常は一般人が久能山東照宮――正保二年（一六四五）十一月までは「東照社」――に参拝することはできませんでした。

人口が増え続ける江戸の人々が久能山に来るには、箱根という難所を越えなければなりませんし、仮に久能山までたどり着いても、これは久能山に実際に来てみればわかることですが、そんなに大勢の参拝客を受け入れられるような広い場所はありません。

お武家さまだけに参拝を許したというのは、そうした地理的な事情もあったでしょうし、何よりも、御尊体の埋葬された久能山は、江戸幕府にとっては民衆の注目を集めたくない場所だったのではないでしょうか。少なくとも、幕府にとって久能山は他のどこよりも特別に不可侵の神域だったのでしょう。

その一方で東照大権現への崇敬は集めなければなりませんから、日光への「遷宮」に始まって全国各地へも勧請され、全国に東照宮が建てられました。

その中でも日光東照宮は、「日光を見ずして結構と言うなかれ」とか、「あらたふと青葉若葉の日の光」と芭蕉が俳句にもしたほどに大きく荘厳なものとなって大群衆を集めていきます。

天海主導で幕府が「日光遷宮」「日光改葬」として人心を日光へ集めたということ、家光公が寛永の大造替で大改築を行ったことは、神聖不可侵の久能山から人々の目を逸らせ、久能山を危険に晒さないという目的にもかなっていたのかもしれません。

莫大な費用をかけた寛永の大造替でしたが、一方で家光公は、「東照大権現がここ久能山にある」と受け取れる歌を残しているわけです。

さらにその二年後の寛永十三年（一六三六）には、家光公が奉納した五重塔が久能山に完成しています。

そのまた四年後の寛永十七年（一六四〇）には、神廟の宝塔が巨石を削り出したものに建て替えられました。それまでも木造檜皮葺《ひわだぶき》の立派な宝塔だったそうですが、それがさらに立派なものになったわけです。

正保《しょうほう》二年（一六四五）十一月三日、それまでの「東照社」は「東照宮」となり、その後、慶安元年（一六四八）の暮れからは、これも家光公の命によって、久能山東照宮の社僧が四名から八名に増員されています。

「社僧」というのは、明治以前の神仏習合の時代、神社におかれていた僧侶のことです。

家康公の遺言では、「久能山に四名おくように」とのことでしたが、家光公がそれを二倍の八名に増やしたのです。

家光公が日光に眠る理由

家光公はそれからわずか三年後の慶安四年（一六五一）、満年齢でいえばまだ四十七歳にもならないうちに亡くなっています。

家光公の墓所は日光の大猷院《たいゆういん》霊廟です。黒と金を基調とした美しい権現造りの社殿と、銅で造られた宝塔（滅多に一般公開されません）があります。

東照大権現への崇敬があれほど厚かった家光公が日光に眠ることを決めたのは、日光こそが家康公の本当の墓だからその近くにと望んだのだろうという見方をする人もおられますが、本書をここまでお読みになれば、日光に家康公の遺骸はなく、日光の奥宮が家康公の墓所ではないということは十分にわかっていただけたでしょう。

すでに見てきたように、最初から東照大権現が御鎮座すべく建てられたのは久能山ではなく、日光の方です。家光公が日光を自分の墓所とした理由は、日光が家康公の墓所だからではなく、日光には初めから東照大権現が御鎮座したからだったのかもしれません。

烏丸光広の歌と家光公の歌

実はこの家光公の歌は、日光遷宮の大行列が日光に到着したときに烏丸光広が『東照宮渡御記』に掲載した歌に対して詠まれたと見ることもできるので、それについても触れておきます。

すでに紹介した『東照宮渡御記』の最後の方に書かれていた歌なのですが、改めて家光公の歌と並べてみます。

東より照《てら》さむ世《よ》々の日の光り山も動かぬためしにはして　烏丸光広
東より照す光の爰《ここ》にありとけふ詣《まうで》する久能の御社《みやしろ》　徳川家光公

光広が歌の中で「日の光り」という言葉で「日光」を詠んだのに対して、家光公は「光は久能にあり」と詠んでいます。

天海に深く帰依していたといわれる家光公が、天海の指導のもとに書かれたともいわれている『東照宮渡御記』のこの歌をもとにして久能の東照大権現を詠んだようにみられるわけですが、家康公のそもそもの遺言「日光山に小堂を建てよ」に反してまで、日光を小堂どころか久能山よりも壮大なものにしてしまった家光公が、久能山に詣でて改めて久能山の尊さを詠んだ、つまり「家康公の遺言に違えるようにして日光を大きくしてしまったけれども久能山を軽んじるような心は決してありませんよ」という気持ちも込めていたのかもしれません。

将軍家光公が、この日、自ら徒歩で標高二百メートルの久能山に登った史実からも、その気持ちが伝わってくるように思えるのです。

公の墓所は久能山――徳川恒孝さんの言葉

徳川宗家第十八代ご当主の徳川恒孝《つねなり》さんは、平成二十四年静岡商工会議所の最高顧問に就任し、会報誌『Ｓｉｎｇ』に『駿府静岡と私』と題されたコラムを四十八回にわたって寄稿されています。ここではその最終回となった平成二十八年三月号に掲載されたものを紹介したいと思います。

前年の「家康公没後四百年の大祭の年」を振り返って次のように述べています。

「昨年、日本各地で開催された家康公の四百年忌の大祭は、駿府に築かれた公の墓所である久能山東照宮の大祭からスタートし、五月の日光東照宮、岡崎の大樹寺、京都の知恩院等々の盛大な式典をはじめ、家康公にご関係の深い全国の東照宮・寺社で行われ、私も出来る限り出席いたしました」

徳川宗家ご当主が、この中ではっきりと、
「駿府に築かれた公の墓所である久能山東照宮」
と口にされたのです。「公」とはもちろん「徳川家康公」のことです。

徳川恒孝さんは、昭和三十八年（一九六三）より、二十三歳の若さで徳川家正さんを継いで当主となられ、以来毎年、家康公の命日に行われる久能山東照宮御例祭で司祭を務めてこられました。

久能山東照宮の五十年に一度となる大祭も、昭和四十年の「御鎮座三百五十年大祭」と、平成二十七年の「御鎮座四百年大祭」の二度にわたって司祭を務めています。

家康公の命日に行われる毎年の御例祭でも神廟に墓参され、そこで主な参列者と記念撮影もされたのですが、今までは、「この事実をはっきり口外してしまっていいんだろうか……」というような、心配をする空気があったようです。

久能山が家康公の遺言通り、家康公の遺骸が埋葬されている本当の墓所であるという事実は、江戸時代から変わっていません。しかし家康公の墓が「日光だ」と言う分には何ら問題とされない一方で、「久能山だ」と言うと「そんなこと言っていいの？」と口を封じられる……というような空気があったらしいのです。

この空気のそもそもの始まりは何だったのでしょうか。

三代将軍家光公の時代、江戸に寛永寺が建てられ、日光は寛永の大造替によって大規模なものに変わったわけですが、それというのも天海が主導する天台宗が家光公のお墨付きを得たからです。

江戸時代には、久能山の神廟を「御宝塔」と呼んでいて、本来の「神廟」「廟所」という呼び方が復活したのは明治になってからのことでした。

それに対して、日光での「墓所」は、「奥の院」「奥宮」「奥社」とは呼んでも久能山と同じように「廟」とは呼べなかったようですから、江戸時代は日光に久能山が遠慮していたという見方もできると思います。

平成 27 年 4 月 17 日 久能山東照宮御鎮座四百年大祭で神廟にお参りされる徳川恒孝さん

明治になると天台宗や日光に対する遠慮も必要なくなりましたから、久能山の「神廟」「廟所」という本来の呼び方が戻ってきたのですが、遠慮する空気が伝統となり、つい最近まで続いてきたということかもしれません。

それが遠慮なく言えるようになったのは、やはり平成二十七年（二〇一五）のメディアによる全国報道からではないでしょうか。

五十年に一度の大祭が行われた平成二十七年久能山東照宮御鎮座四百年大祭第三日の四月十七日、家康公命日のお祭りである「御例祭」が報道各社に取材され、NHKの夜七時のニュースでもたっぷりと時間をとって「徳川宗家ご当主らが久能山東照宮にある家康公の墓にお参り

平成 27 年 4 月 17 日 久能山東照宮御鎮座四百年大祭神廟お参りの後の記念撮影の様子

をしている」という事実が全国に報道されたのです。

「久能山東照宮神廟＝家康公の墓」と、婉曲表現もなしにストレートに報道されたのは、この日が最初ではないかと思います。

本当のところは過去のマスコミ報道の全部を確認してみないとわからないのですが、これまで「家康公の墓所」がどこであるかは、「日光だ」というのがずっと通説だったのです。その通説に反して、ＮＨＫの夜七時のニュースなどではっきりと報道されたことは画期的だったといえると思います。

「余《ヨ》ハ此処《ココ》ニ居《ヲ》ル」

久能山から家康公が、遠慮なくそう言える時代になりました。

こうなるまでには、四百年という年月がかかったのです。

追記——ベールをまとった久能山

天海の権勢と久能山

天台宗の総本山である比叡山延暦寺は最澄による平安時代の創建とされていますが、その比叡山に対して天海は、三代将軍家光公の代になってから今の上野に東叡山寛永寺を創建、さらにその後は将軍家の菩提寺だった増上寺に割り込むようにして寛永寺もまた将軍家菩提寺となり天台宗の東の総本山として権勢をふるっていきました。日光東照宮もまた同じように、東照宮の総本宮的な存在になっていきました。

南光坊天海という人は、機知に富んで魅力的な非常に頭の良い人だったようです。家康公から重用され、秀忠公に信頼され、家光公が特別に帰依したというのも、天海の人格やものの考え方に深く魅了されていたからこそと考えられます。

もしそこに天海個人の私利私欲が見え隠れなどすれば、家康公から三代にわたってそこまで頼りにされることはなかったでしょうから、その人柄と考え方が信頼されてきたと思われるのです。

それほどまでに信頼され力をつけていった天海ですが、天海による日光の社寺がどんなに権勢を誇っても、久能山の価値がなくなることはありませんでした。それは、久能山が神君徳川家康公の遺言にしたがった墓所であり、家康公を神として祀った最初の山だったからです。

久能山の厚いベール

一般立入禁止だった江戸時代の久能山が、日光のように参拝客が押し寄せることがなかったのは、久能山にとっては案外幸せだったのではないかと思います。

江戸時代二百六十余年という長きにわたって、今のように毎日千人もの参拝客が訪れていたらどうだったかと想像します。

東照大権現のテーマパークのようになっている日光の社寺は、久能山など比ぶべくもなくスケールが大きくエキサイティングなアトラクションを提供してくれています。

たとえば雛人形でいえば、特別に大きな多段飾りのお雛さまを何セットも展開させたような楽しさが日光の社寺にはありますが、久能山は大きいとはいえガラスケースに全部が収納された形のお雛さまのようで、その中に入ると外界とは明らかに違う空気が流れていて、自分の存在さえ不思議なものに感じられる……というような、そんな違いを感じるのです。

それは単に大きさとかスケールの違いというだけでなく、久能山が江戸時代の長きにわたって幕府の特別すぎる神域として厚いベールをまとってきたからではないかとも思えます。

久能山の山頂近くという限られた空間だからということももちろんありますが、大群衆に晒されることがなかった、大群衆の無数の意識を何百年も浴びてこなかった、ただ清められ、磨き上げられてきただけだった——というのが何よりも大きいのではないでしょうか。

明治政府による大きな試練

それが明治になると同時に、封印が解かれるような形で、世間という無数の意識に向けて広く開かれることになりました。

ところがそこで、久能山東照宮は大きな試練も迎えます。お宮であるとともにお寺でもあった神仏習合のその佇まいが、明治の政策に容認してもらえなかったからです。

政策とは、神道を頼りにして国家を運営するという神仏分離政策で、それまでのように神社に鐘つき堂もあって僧侶もいるという神仏習合が禁じられたのです。

その政策を受けて、家光公が奉納した五重塔も取り壊されてしまいました。日光の五重塔は東照宮境内にはあっても隣接する輪王寺のものだということで壊されなかった一方で、久能山では神道家だった出嶋竹齋《でじまちくさい》らによる懸命の努力も虚しく、明治六年（一八七三）八月には解体されてしまったのです。

出嶋竹齋は有度《うど》郡小鹿《おしか》村（現在の静岡市駿河区小鹿）の農家の出身で、勝海舟らに信頼されて地方行政に協力した人で、明治十二年からは久能山東照宮の祠官（今でいう宮司）にもなっています。

久能山東照宮の社殿から神廟に向かう参道の鳥居には、「この鳥居が台風の倒木で大きく壊れたときに修復しましたよ」ということを示して出嶋竹齋の名が刻まれているのを今も見ることができます。

久能山には鐘楼もあったのですが、これについては鐘をやめて太鼓を置いた鼓楼（当初は「太鼓塔」とも）ということにして解体は免れています。

家康公の遺言で配置された社僧四人は家光公の命により八人に増員されていましたが、神社としての存続しかかなわなかった久能山には、明治以降僧侶はいません。

（毎年十月十七日の秋の例祭では、静岡市内の臨済寺からお坊さんたちを招いて、拝殿に参列の後、家康公の眠る神廟前にて読経が行われています。これも大変にすばらしいものです）

明治からの伝説

地元静岡市には、この明治初期からとても衝撃的なエピソードも伝わっています。

それは、静岡商工会議所観光・飲食部会の「余ハ此處ニ居ルプロジェクト」（筆者がテーマコピーを発案した静岡市の地域活性化プロジェクト）でもご一緒させていただいている成澤政江さんから教えていただいた話です。

成澤さんは出嶋竹齋のご親戚にあたり、安倍川の西の小坂《おさか》というところで「御坂堂《おさかどう》」の屋号で蜜柑などを栽培しながら、「華《はな》」という屋号で家康公が食べていたという食事を出したり（月に二回の予約制）、歴史の語り部をされたりしています。そのエピソードは、家康公の遺骸についての言い伝えです。

ちょっと信じられないような話ですが、出嶋竹齋は、将軍職を退いたばかりの徳川慶喜《よしのぶ》公、勝海舟、山岡鉄舟らとともに、久能山の神廟に家康公の遺骸が確かにあることを実際に見たというのです。

慶応四年／明治元年（一八六八）三月、西郷隆盛の官軍は江戸城に総攻撃をかけるべく駿府まで迫ってきていたのですが、寛永寺に謹慎する慶喜公から全権を委任されていた勝海舟が、山岡鉄舟を駿府に派遣して、西郷との和平交渉が行われ、江戸城の無血開城を成功に導きました。

その舞台となった静岡市葵区伝馬町には、静岡市の史跡として「西郷隆盛・山岡鉄舟会見の碑」が立っています。

同じ明治元年の七月には、江戸城を明け渡した慶喜公らが静岡に移り住みました。慶喜公の後十六代当主として徳川宗家を相続した徳川家達《いえさと》や幕臣らも大挙して静岡に住むようになり、山岡鉄舟や勝海舟らも静岡に来ています。

ということはつまり、この言い伝えに登場する慶喜公、勝海舟、山岡鉄舟が、静岡の実力者であった出嶋竹齋とともに久能山に登ったということ自体は、現実にあり得たことかもしれません。

成澤さんが言い伝えを聞いたのは、成澤家に生まれて嫁いでいった堀場信《のぶ》さんというおばあさんからで、堀場さんもさらに上の世代から聞いたということです。出嶋竹齋らが見たというのは黒い漆塗りの非常に立派な柩で、その大きさを堀場さんが両手で表現した限りでは、増上寺で発掘された秀忠公の柩の大きさ（119ページ参照）と同じような感じだったとのことでした。

柩の中の家康公の御遺骸の様子についてまでは聞いていないそうですが、言い伝えが本当にあった出来事かどうかは、成澤さん自身も半信半疑のようです。

「埋葬の方法」の項で紹介したように、久能山東照宮の神廟というのは、何層にも積み上げられた巨石の下に石室があって、石室の蓋石だけでも二十トンはあろうということでしたから、石室の中を実際に見るためには綿密な計画を立てて大勢の人足を使う、かなり大規模な工事を行う必要があります。仮に横穴を掘るとか、比較的簡単な方法があったのだとしても、それも大規模な工事になるはずです。もしそれが実際に行われたのだとしたら、史実として残り、文献として今に伝わっているはずだとも思うのです。

言い伝えというものは、話が伝わっていく過程において誰かが気を利かせたり、推測を加えたりすることがあります。そのようにして、事実の部分と推測の部分とが判別できなくなってしまうのです。

この言い伝えにも、事実でない部分が多分に含まれているのではないのかと思われます。慶喜公や出嶋竹齋らが本当に家康公の石室の中を見たとまでは信じられませんが、それでも、この話の中に何か事実があるとすれば、家康公が久能山に眠っているという事実を、出嶋竹斎や慶喜公らも知っていたということではないでしょうか。

長い江戸時代の間はベールに覆われてきましたが、明治という新しい時代を迎えてもなお、徳川家康公の墓所として、久能山東照宮は受け継がれていくことになるのです。

色紙図案（筆者謹製）

特別対談『聖地久能山四百年の真実』

久能山東照宮御鎮座四百年大祭を翌年に控えた平成二十六（二〇一四）年の夏、久能山東照宮社務所にて行われた対談を掲載します。

本書で宮司さんと呼ばせていただいている久能山東照宮落合偉洲《ひでくに》宮司と、徳川慶喜公が二十年も住んだ御屋敷跡浮月楼《ふげつろう》で知られる株式会社浮月代表取締役社長久保田隆《ゆたか》氏のお二人によるお話です。

そもそも門外漢だった私にとっては、歴史を通しての駿府愛に目覚めさせてくださった最も尊敬する師匠たちであり、本書もこの対談から始まったのです。

事実を伝えたい

久保田　これまでに宮司さんが各地でお話ししてくださっていること、特に家康公のご遺骸そのものは久能山にあるということですね。日光へ行ってしまって久能山には何もないんだと信じている人がまだ圧倒的に多いですから、これからは、もっといろんな形で事実を伝えていきたいですね。

落合　まあ、中には徳川家康公の棺を久能山から日光に運んだということが書かれたものがありますからね。「神柩」と書いてあったりするものだから、混乱があると思うんだけど、実際には神様の魂を鏡に映して、それを神輿に乗せて運んでいったというのが事実なんですよね。それをご遺骸が向こうに移ったと勘違いしている部分があるんじゃないかと思うんです。まず一番大事なことは、家康公自身がここに西を向いて埋葬せよと言って複数の人に遺言を残したことは間違いない事実なんですね。

久保田　駿府城でご遺命を言い渡したとき

久能山東照宮落合偉洲宮司（右）と浮月楼久保田隆社長（左）（特別対談のとき）

は、南光坊天海や、天海の論敵でもあった金地院崇伝がみんな涙を流してご遺命を聞いてるんですよね。

落合　そう。徳川家康公の宗教担当の側近だった天海僧正は、川越の喜多院とか日光の輪王寺に深い関わりがあったので、関東の方に力を入れたいという気持ちもすごくあったわけだけれども、ご遺命を無視して墓を移すことはできなかったと思うんです。ただし久能山と同じように神社があってお墓があってというこの久能山の形をベースにして日光の神社を造らなければならないと。そのためにはどうしてもお墓が必要だという考え方があったわけですよね。それでそのお墓を日光にも造るわけですけれども「祀るためのお墓」という位置づけで造っているんですよね。だから日光には奥社拝殿といってお祀りをする建物が宝塔の前にあるんですよ。

本当のお墓と神道で祀るための奥宮

久保田　久能山東照宮は「神廟」または「廟所」といってストレートに「墓所」だと呼んで

ますけど、日光は「奥社」または「奥宮」と、呼び方にも違いがありますね。

落合　だから、うちは四月十七日、徳川家康公のご命日のご例祭。このご命日に徳川ご宗家が装束をつけて、本殿でおまつりをされた後、そのままご廟所に行って二礼二拍手一拝でお参りをする。日光では、本殿だけでおまつりしてそのまま直会《なおらい》に行かれるんです。

久保田　日光東照宮の御例祭は、家康公のご命日から一カ月遅れて五月十七日と十八日にやってますね。

落合　ただ日光の場合は、奥社でもおまつりをやっているんですよ。だから宮司が本殿で祝《の》詞《と》を読んでいる時に、たぶん権宮司《ごんぐうじ》か禰宜《ねぎ》さんが奥社の方で同じようなおまつりをやっている。そこがちょっとここと違うわけですよ。お祀りするための奥宮という位置づけだろうと思うんですよね。久能山では神廟はお墓だから、神道のおまつりは神廟でやらないんです。でも日光ではおまつりをする。

日光にもお墓を造らなければということで、天海さんもずいぶん色々考えて、日光に何もないと「何もないと言われるじゃないか」と。どうやって日光にも久能山にもご遺骸があるような、そういうトリックをしようかと、頭のいい人ですから、いろいろ窮地に陥っても挽回できるような知恵者ですよね、天海さんは。

久保田　今の外務大臣にでもなってたら最高ですよね。

天海の歌

落合　それで頭のいい天海さんだから、久能山から日光に遷す時に、ここに歌を残していっているんですよ。家康公のお墓についてね「あればあるなければなしと駿河なる、くのなき神の宮遷しかな」という歌。これは『駿國雜志』とか、江戸時代の駿府の歴史を書いた本の中にも載ってるんですが、久能山にそういう歌を残している。

この歌は「意味がわからない、わからない」と言われてきた歌なんですけどね。要するに「ご遺骸が久能山にあればある、日光に移ったと思えば移ったと思ってもいいよ、どっちにあると思ってもいいよ」と。「ご遺骸があるのはどっちでもいいけれども、ここから日光の方に神様を遷したんだよ」ということを歌ったんですよね。

その中に「くのなき神の」という中で「く」がひらがなで書いてあるんだけれど、それを身体の身に駿河区の「区」の「軀」の字だと見て読むと意味がすぐわかるんですよ。

久保田　「軀体」の「軀」ですね。

落合　仏様の体とか尊い存在の体を数える時の助数詞の正しい使い方は「軀」というんですよ。だから仏像は一体二体と数える数え方は間違いで、「一軀」「二軀」と数えるのが正しいんですよ。だから家康公の体もこの「軀」で表現した。

だから「くのなき」の「く」を「軀」で読めばすぐ意味がわかるんです。でもそれを漢字で書いちゃうと「なんだ」とすぐにわかってしまうでしょう。ご遺骸は久能山にあって、見えない御霊だけの宮遷しなんだと。だからそれをわざとひらがなで書くことによってぼかしておいたんですね。

久保田　「ぼかした」ということで「騙した」ではないと。

「日光後」の久能山

落合　まあそういうことですね。歌にこめられた意味もそうですし、それから今のお墓がね、もとは木造だったわけですけれども、幕府の方でこれを反永久的なものにしようということで、大きな石を、おそらく伊豆半島の淡島あたりから、いかだで久能の前浜まで持ってきて、ここまで引き上げてきて、大きな石の宝塔のお墓を造った。お墓ができたのは、寛永十七年だから一六四〇年。家康公が亡くなって二十四年後にああいう石の大きなお墓を造っているわけです。

久保田　三代将軍徳川家光公が大規模にやられた寛永大造替で日光が立派になった、さらに何年か後ですね。

落合　だから徳川家康公が久能山に埋葬された翌年にもしお墓を掘り起こして、そのご遺骸を日光まで持っていったとしたらね、久能山はまあ最初のお墓ですと、ここに家康公が埋葬されて、そしていついつ日光に改葬されましたと石標かなんか建てれば神社としては何も問題ないわけですよ。それをわざわざ二十四年後に莫大な費用をかけて、伊豆から大きな石を運んできて。

久保田　あれは何十トンですよね。

落合　石材組合の偉い人がね、電卓で計算して「宮司さん、これは石が二十トンないとこの形は切り出せないね」と言ってましたから、二十トンの原石を下から運んできてご廟所のところで形を作ったんじゃないかと思うんですよね。石を彫って、石の削りくずは石垣の裏に放り込んでいって、石垣の裏の雨水を下に流し落として石垣が崩れないようにするための「裏込め」に使っているんです。非常に無駄なく計算されて造られているわけです。この宝塔形式のお墓が、徳川家康公が亡くなって二十四年後にできているという事実。

久保田　重要ですよね。御尊体が日光へ行ってしまったのならここまで立派なお墓は必要ないということですね。

遺骸の状態

落合　後は当時土葬であるということね。火葬だったらもちろん分骨をしていくんだろうけど、分骨はできない。それを掘り起こして一年後にもっていくのはまず不可能だろうということですよね。条件が悪ければ全部白骨になっていない可能性もあるわけだし、地面の中に埋めているわけですから、棺そのものも腐ってたりする可能性があるわけです。

久保田　旧暦三月から四月、晩春から初夏で暑い日も考えられたでしょうからね。三週間近くかけた大行列で、そういうものを持ち運ぶ計画はまず無理だろうと。

久能山の位置

久保田　ここへ来て四百年という節目もあると思うんですけど、もう一つ伝えていきたいと思うのは、よく言われている御前崎と久能山と富士山、日光、その手前の世良田とか真西の線に京都、途中に岡崎とかね、この話も意外にまだまだ知られていないということで、もうちょっと出してもいいと思うんですね。日光は、北極星と江戸城とつながっているという話はよく知られていると思うんですけど、それよりもこっちの方がもっとダイナミックな動きがあるんじゃないでしょうかね。

落合　亡くなる二週間前ぐらい前に家康公が駿府城で遺言を遺しておられるんだけど、「自分が亡くなったら、久能山に西を向けて埋葬してくれ。葬式は江戸の増上寺でやれ。位牌は岡崎の大樹寺に立てろ。一年経ったら日光に小さな神社を建てて祀れ」と、こう言われているわけですよね。

久能山のあるこの位置というのは、御前崎の方から久能山、富士山、日光が一直線になっているんですね。

西の方は、一直線で岡崎を通って京都の方に行くということがわかっていたので、ここから要するに西の方を睨んでおこうということなんですね。久能山から西には、駿府城があって、浜名湖の北の方に鳳来寺があって。鳳来寺も家康公のお父さんとお母さんが子供ができるようにとお籠りしたという伝承があって、三代将軍家光公がそれを聞いて、じゃそこに東照宮を建てようっていうんで、その東側に蓬莱山東照宮を建てたんですね。その蓬莱山東照宮から、また西の方へまっすぐ行くと、岡崎の大樹寺と岡崎城がある。岡崎城は家康公が生まれたところですね。さらにまたまっすぐ行った先に、ちょうど京都があるよと。

　久能山と日光を線でつなげば、途中には徳川の発祥の地、今は太田市というんですけど、そこが徳川発祥の地で、そこに世良田東照宮があるんだけれども、そこから松平親氏という人が出てきて、その人が愛知県の、今は豊田市というところに旗揚げをして、そこに今は松平東照宮というのがあるんだけれども、松平東照宮というのは松平親氏公と、その九代後に生まれてきた徳川家康公を祀っているわけなんですね。真西と、北東については、そういう方角になってるわけですよ。

　日光の場合は江戸城を守るという意味があって、東照宮は真南を向いて建てられている。南には江戸城があると。ということは、北には北極星があるということですよね。

　久能山の場合は、方角的には南じゃなくて南西を向いているわけですよね。それで真正面に御前崎がある。御前崎と久能山との距離はおよそ五十キロ。駿河湾の入り口も、御前崎から反対側の石廊崎までだいたい五十キロあると。大雑把にいって、久能山、御前崎、石廊崎は五十キロ、五十キロの正三角形のような位置になると。

久保田　ピラミッドですよね。

落合　御前崎と久能山と結んで線を引いていくと、真うしろ五十キロに富士山がある。ずっといくと世良田東照宮。そのまま行くと日光東照宮。そういう位置になっているわけですよね。

久保田　天海僧正が日光に御霊遷しをしたというときに富士の道を通ってという話があって、何か御殿場の方を通ろうとしたとかいう説がありますが、まあ、道をまっすぐ通っていくことは富士山の山頂を登るわけではないので、できないわけですけれども、なるたけその道を通ったなんていう話があって。それによって不死の、つまり不死身のといった意味がある。死なない存在になるという意味もあるんですよね。

落合　永遠の魂。神としての霊験を高めていくための一つの道程だったわけですよね。日光に行くということはね。

神廟宝塔の中

落合　ご神廟の石のご宝塔の中にはね、寄せ木で造られた家康公の木の坐像が安置されてるんですよ。四角い小さなお厨子の中に黒装束を着て、極彩色の色が塗ってある木像がお厨子の中に入っているんです。

久保田　それが柩の上にあるんですね？

落合　柩はさらに深く地中に埋葬されてますから、ご尊体（ご遺骸）は誰も見ることはできないですからね。ただ、他の例で埋葬のしかたを見ると、四角い柩に入れて座ったような姿勢で正装をして、黒装束を着て地中深く埋葬されているんですね。お神輿にして担いできたその担ぎ棒を切って、ロープで吊るして地中深く降ろしていって埋葬されているんですよ。

久保田　それはどこかに資料があるんですか？

落合　それはね、人類学の鈴木尚《ひさし》さんという人が本を書いているんですよ。昭和三十年代にね、戦災で荒れていた東京芝の増上寺の、将軍家のお墓を改葬することになり、発掘調査することになって、白黒だけど中身も全部撮影してある。

久保田　それはすごい資料ですね。

落合　専門書もあるけど、一般向けには『骨は語る――徳川将軍・大名家の人びと』（東京大学出版会）という題の本でね、将軍の埋葬のされ方が詳しく記録されてるんですよ。

久保田　それはぜひ読んでみたいですね。

落合　十五人の将軍のうち、家康公は久能山で、三代家光公は日光の大猷院でしょう。その本を見ると、増上寺で発掘された六人の将軍がみんな共通して、黒装束をつけて、四角い柩に埋葬されているわけですよ。

久保田　ということは、誰の埋葬方法にならったものかといったら、当然元祖は、家康公ということになりますね。

落合　日光の場合はどうかわからないけれども、久能山の場合は、家康公の御宝塔の中には四角いお厨子の中に黒装束を着た家康公の坐像が入っている。つまりそれと同じ姿勢、同じ装束で、地中深くに埋葬されていますよと。だからこの久能山がモデルだと思うんですよ。それで二代将軍も、その後も、ずっと同じ形で埋葬されたということなんですよね。

久保田　なるほど。ましてや西を向いて葬れということで、西を向くということでよく言われていることなんですけども座っているということですよね。

落合　家康公のご遺命では「立てて埋葬せよ」。ということは直立してということではなくて、蹲踞《そんきょ》（あぐらをかいたような状態）で上体を起こしてということですよね。

久保田　それが西を向いてということですね。

落合　仰向けになったような状態ではないですから、昔の木の浴槽みたいな、角が丸い形の四角い柩にして、だからお神輿と同じような形になるわけですよ。

久保田　なるほど。やっぱり西を向けて葬れというご遺言があって、それを守るということは当然あるはずですしね。それから意味ですよね。西からの守りを固めるべきだという。ましてや真正面は京都を向いているということを含めて、そのご尊体をここからなくしてしまったら、それは一大事というか、大変なことになってしまいますよね。日光で西を向けておくわけにもいかないでしょうし。

落合　家康公は、まだ西の方は豊臣の残党その他がいてまた戦乱に戻っては困るから、「ここから西の方を見ていよう」という意志をはっきりと遺言で伝えているわけですよね。

一般立入禁止だった久能山

久保田　あともう一つ日光との違いですが、今の久能山東照宮は、我々も今は気軽に参拝できますが、江戸時代には一般人は来られなかったようで、つまり大名でないとなかなか上まで上がって来られなかったと。大名たちは東海道を来る時は、必ずお参詣をしたと聞くんですけれど、日光東照宮はというと、至って大勢の人に広く開かれているという、江戸時代にはもうすでに「あらたふと青葉若葉の日の光」と芭蕉も俳句に残しているようにですね、日光は盛んに参詣をさせているんですね。そのあたり、違いはあるんでしょうか？

落合　その辺はまあ確かに、久能山には一般の人はあまり来てないですよね。まあ、よくはわからないんだけど、毎日は開かれていない。特別な人しか入って来られない場所ということで、山の中腹の門衛所という所があって、二十四時間、与力と同心（江戸時代警備を担当した武士）が三交代でずっと警備をしていたということなんですよね。でも来た時は楼門の下あたりで履物を脱いで、わらじを置いてはだしで上がっていたそうですね。

久保田　そうだとすると今の言葉でいうと、非常にプライベートな感じがする所なんですね。将軍家にとっての特別な聖地といえるんじゃないかと。

落合　久能山は確かに、特別な人しかお参りできなかったんじゃないかと思います。

久保田　日光は万人に向けていて、「権現さんがここにいらっしゃるからここにお参りに来

ると ご利益あるよ」と開放されている感じがするんですけど、久能山はそういう意味では閉ざされて固く守られてきたという感じですね。

落合　そうですね、だから久能山は本家としておいておいて、日光を何とか名院にしていこうというパフォーマンスのようなことが行われていたことは事実ですよね。久能山については「プライベートな将軍家の墓所としておこう」という意識があったかもしれないですね。

＊『季刊すんぷ』創刊号　平成二十六年十一月、第二号　平成二十七年二月　アドマック発行

遺言を追う年表

家康公の遺言が守られていたかどうかを確認するために簡単な年表を作ってみました。

元和《げんな》二年（一六一六）

《四月二日》

徳川家康公が駿府城で、側近だった崇伝、本多正純、天海の三名を呼んで次の遺言（ご遺命）を伝える。

「臨終となったら体は久能山に埋葬し、葬儀は江戸の増上寺にて、位牌は三河の大樹寺に、一周忌も過ぎて後、日光山に小さき堂を建て勧請（＝分祀）せよ、関東八州の鎮守になるべく」

《四月四日》

崇伝が前々日の遺言を自分の日記に詳しく記録する。

《四月十六日》

家康公が吉田神道の梵舜を呼んで自分の死後神として祀る方式について尋ねる。

家康公が榊原照久を枕元に呼んで次の遺言を伝える。

「久能山に自分の体を西向きに埋葬し、霊廟を築くこと。照久が久能山の祭主となって生前と変わらず食べ物などを供えて奉仕すること」
《四月十七日》
午前十時ごろ（巳の刻）、家康公は榊原照久の膝を枕に駿府城で臨終。
雨の当夜、柩が人目に触れぬよう秘密裏に久能山に運ばれる。
《四月十八日》
梵舜の主導によって廟地（家康公埋葬地、現在の久能山東照宮の神廟）を造営する。
《四月十九日》
造営された廟地で、梵舜が榊原照久に指導して、家康公の体を神に祀るための儀式が行われる。
《四月二十二日》
久能山に秀忠公らが参詣し、梵舜らが迎える。秀忠公が久能山で大工頭の中井正清に「大明神造り」で社殿を建てることを指示する。
それ以降も梵舜の吉田神道の主導によって廟地の経営や神号「大明神」としての勧請へと向かう流れだったが、天海が異議を唱え、「大権現」とするべきと主張する。崇伝と梵舜が天海と対立することになったが、後に「大権現」で決着する。
《五月》

初旬から月末にかけて、江戸増上寺で法要が営まれる。

元和三年（一六一七）

《二月二十一日》

東照大権現の神号を朝廷より賜わる。

《三月十五日》

天海主導で「日光遷宮」の行列が久能山を出発する。天海は次のような意味の歌を残す。

「あると思えばあるし、ないと思えばないとするがよい。これは体のない神の宮遷しなのだ」

《四月四日》

日光に到着。久能山を発ってからの全日程十九日。途中各地で連泊し、「霊柩」を運んで移動したのは十日のみだった。

《四月八日》

日光の奥宮に「霊柩」を納める。

元和四年（一六一八）

《五月》

久能山の榊原照久が従五位下に叙される。

《六月》

久能山の榊原照久が従四位下に叙される。

元和八年（一六二二）

《六月》

久能山の榊原照久が従二位に叙される。（照久昇進のために伊勢神宮祭主も従二位となる）

寛永十一年（一六三四）

三代将軍徳川家光公による「寛永の大造替」と呼ばれる日光の大工事が始まる。これ以前の日光の社殿は、家康公の遺言「小さき堂」に従って久能山に比べれば質素なものだった。

《六月二十六日》家光公が久能山に参詣して、「東より照す光の爰《ここ》にありとけふ詣《まうで》する久能の御社《みやしろ》」という歌を残す。「ここ久能山に鎮座している東照大権現は朝廷のある西を照らす光である」という意味に読める。

寛永十三年（一六三六）

家光公奉納の五重塔が久能山に完成する。

寛永十七年（一六四〇）

久能山の神廟が巨石を使った宝塔に建て替えられる。これ以前は木造ではありながら荘厳なものだったという。

寛永十八年（一六四一）

日光の奥宮が石造りの宝塔に建て替えられる。（現在は青銅に変わっている）

正保《しょうほう》二年（一六四五）

宮号が下り、これまでの「東照社」が「東照宮」と改められる。

慶安元年（一六四八）

この年の暮れから、家光公の命によって、久能山の社僧が四人（家康公の遺言による定員）から八人に増員される。

参考文献

『東武實録　巻第一』松平忠冬／貞享元年（内閣文庫／国立公文書館デジタルアーカイブ蔵）
『駿河土産』大道寺友山／成立年不明（※大船庵様ウェブサイト http://www.hh.em-net.ne.jp/~harry/ に現代語訳され公開されているものを参考にさせていただきました）
『久能山真景之圖』出嶋竹齋／明治二十年（静岡県立中央図書館蔵）
『駿國雜志』阿部正信／明治八年写本（静岡県立中央図書館蔵）
『駿國雜志』阿部正信／吉見書店刊　明治四十三年（国立国会図書館デジタルコレクション蔵）
『徳川實紀　第壹編《東照宮御實紀》《台徳院殿御實紀》』經濟雜誌社刊　明治三十七年（国立国会図書館デジタルコレクション蔵）
『徳川實紀　第貳編《大猷院殿御實紀》』經濟雜誌社刊　明治三十七年（国立国会図書館デジタルコレクション蔵）
『敷島美觀』小泉墨城／帝國地史編纂所　明治三十九年（アドマック出版蔵）
『明良洪範　全』眞田增譽／國書刊行會刊　明治四十五年（国立国会図書館デジタルコレクション蔵）

『静岡縣安倍郡誌』安倍郡時報社刊 大正三年（文献出版 昭和五十四年復刻版）
『大僧正天海』須藤光暉（『東照宮渡御記』を収載）／冨山房刊 大正五年（国立国会図書館デジタルコレクション蔵）
『本光國師日記』崇伝 佛書刊行會編纂／大日本佛教全書發行所刊 大正十一年（国立国会図書館デジタルコレクション蔵）
『新訂本光國師日記第三』崇伝／続群書類従完成会刊 昭和四十三年
『新訂本光國師日記第四』崇伝／続群書類従完成会刊 昭和四十五年
『久能山叢書 第二編』久能山東照宮刊 昭和四十七年
『久能山叢書 第三編』久能山東照宮刊 昭和四十八年
『久能山叢書 第四編』久能山東照宮刊 昭和五十一年
『寛永諸家系図伝　第二』続群書類従完成会刊 昭和五十五年
『資料纂集 舜旧記 第五』神龍院梵舜／続群書類従完成会刊 昭和五十八年
『骨は語る 徳川将軍・大名家の人びと』鈴木尚／東京大学出版会 昭和六十年
『最後の将軍 ― 徳川慶喜』司馬遼太郎／平成九年
『出島竹斎の和歌について 沖の千重波』高木桂藏／静岡県立大学『国際関係・比較文化研究』第1巻第1号（平成十四年）

『神道の周辺』落合偉洲／おうふう 平成十六年
『駿府の大御所』小和田哲男／静岡新聞社 平成十九年
『徳川家康公』全国東照宮連合会 平成二十年（一部改定版）
「最後の将軍と徳川一族」新人物往来社 平成二十五年
『久能山は日本の風水起点 ― 仕掛けは天海僧正 ―』高木桂藏／アドマック出版刊『季刊すんぷ 第二号』平成二十七年
『余ハ此處ニ居ル ― すんぷ特別版』興津諦／アドマック 平成二十七年
『Tectonic plates boundaries detailed-en.svg』Eric Gaba – Wikimedia Commons user: Sting／Wikimedia Commons 二〇一五年（大陸プレートの境界を世界地図上に表示した画像）
『家康公と私 ― 駿府静岡と私 第48回 ―』徳川恒孝／静岡商工会議所会報誌『S・i n g 三月号』平成二十八年
『久能山誌』静岡市 平成二十八年

あとがき

「家康公の体が埋葬されている本当の墓は久能山ということで間違いないはずなんだから、これまでの通説は変えていこう」というアクションが始まったのは、宮司さん（久能山東照宮落合偉洲《おちあいひでくに》宮司）による各地での講演や談話からです。

静岡新聞にカラー写真入りでその談話が掲載されたのが平成十四年の十一月十七日でしたが、それから遅れをとること九年、平成二十三年に静岡商工会議所の観光・飲食部会で、あるワーキンググループが始まりました。

私もその部会とワーキンググループの参加者でしたが、何のワーキンググループかというと、「静岡市の現状をもうちょっと何とかしたい」ということで、「全国にアピールできる地域資源の発掘」を目的としたものでした。

静岡県の県都である静岡市は、飛鳥時代から明治初期まで「駿府《すんぷ》」（「駿河国国府」の略）と呼ばれていました。現在では一応政令市ながら人口も減ってきていて全国的な知名度もありませんが、江戸時代初期には大御所家康公が駿府城にいて、日本の首都として機能していました。そのためもあって、当時は人口規模でも江戸・京都と並ぶ大都市だったといいます。

かつてはそんなに輝いていたこともある駿府＝静岡市なのですが、今では東京や大阪でアンケートをとっても「よく知らない」という回答ばかりをこれでもかと突きつけられてしまいます。

ワーキンググループでは平成二十四年に東京と大阪の人を対象にしたアンケートを取ったのですが、「静岡」と聞いても「静岡県」と「静岡市」が混同されていて、「お茶」や「富士山」という回答は得られても、それはどちらも「静岡県」全体に対して持たれているイメージでしかなく、「静岡市といわれてもよく知らない」という人が多いという結果が出ています。静岡市に対する全国的な認識というのはその程度でしかないわけです。

その現状を何とかするために、ワーキンググループでアイデアを出すことになったわけですが、私は当初、「**通過県通過市**」と自虐的にやったらいいじゃないかと考えていました。日本の大動脈である東海道が走る静岡市ですが、新幹線で一番速い「のぞみ号」は事故でもない限り停まることはありません。全部通過してくれます。

「のぞみ号」の次に速い「ひかり号」でさえ、全部が停まるわけではありません。その半分は停まってくれますが、止まらない「ひかり号」が半分あるので、うっかり乗ってしまうと静岡市で降りられないこともあります。
全部停まってくれるのは新幹線の各駅停車というべき「こだま号」だけです。かつての栄華から見れば、何とも残念で屈辱的な現実です。

「こちらは通過県通過市です。きょうもご通過お疲れさまです」

そんな「自虐ポスター」をのぞみ号車内に貼ったらいい。PRというものは共感を取ってこそだから、このコピーならきっと注目を集めるはずだと思っていました。もちろん、今でもこのアイデアは使えると思っています。

ところがワーキンググループで進めることになったのは、四年後の平成二十七年に控えていた徳川家康公顕彰四百年祭に合わせ、家康公ゆかりの地という貴重な地域資源を活用することでした。そこで「家康公は◯◯◯」というコピーをみんなで考えて持ち寄ろうということになったのです。

私もコピー発案なら自信があったので、みんながあっと驚くものを提出しようとがんばりました。「家康公は◯◯◯」の形そのままではなく、家康公が発したように聞こえる言葉、できれば天上から見下ろしている家康公が駿府の体たらくを嘆いている言葉にしようと考え、「通過するとはもってのほかじゃ！」とか「迷うでない！」といった案を並べてみた中から、最終的に提出したのが「余《ヨ》ハ此處《ココ》ニ居《ヲ》ル」でした。正字《せいじ》（旧漢字）と旧仮名遣いのカタカナを使ったのは、さも本当に家康公から言われているような印象を出したいと考えてのことです。

当日の会議ではおかげさまで「余ハ此處ニ居ル」が採用されました。ワーキンググループの座長をされていた浮月楼の久保田社長も気に入ってくださり、他の皆さんからも熱いご称賛をいただきました。

「余ハ此處ニ居ル」のコピーは、久能山東照宮にもすぐ伝わり、宮司さん（落合偉洲宮司）も大変気に入ってくださって、久能山東照宮で授与するために作られた『東照公御遺訓』の布の表紙に金の箔押しで「余ハ此處ニ居ル　徳川家康」と入れてくださいました。家康公はそんなこと言っていないし、私がコピーを考えたのですが、家康公の気持ちを考えたらそう言ったとしても不思議ではないだろうという考え方になっているわけです。

当時日本平ロープウェイの所長をされていた静岡鉄道の平井守さんも、「余ハ此處ニ居ル」をすぐにでも積極的に使いたいと、自らアクションを起こしてくださいました。

平井さんはまず、神廟の写真をバックにした私のデザインを使って「余ハ此處ニ居ル」の団扇を作ってくださり、さらに静岡市役所やJRにも持ちかけられて、これも同じデザインで「余ハ此處ニ居ル」の大きなポスターを作ってくださいました。ポスターは四百年祭の行われた平成二十七年ごろまで市内各所や鉄道各駅に掲示されました。

平井さんの熱心な行動にはただ感謝するばかりでしたが、「余ハ此處ニ居ル」の発案者として、自分も何か事を起こさなければいけないと思うようになってきました。そこで始めることを決めたのが、A5サイズ冊子タイプのフリーペーパー『季刊すんぷ』の発行です。

テーマはもちろん「余《ヨ》ハ此處《ココ》ニ居《ヲ》ル」で、毎号二千部ぐらい発行して全国から久能山東照宮を訪れる参拝客の皆さんに無料配布することにしました。

余ハ此處ニ居ルのポスター（平成 26 年筆者デザイン）

そのようにして、平成二十六年十一月、『季刊すんぷ』第一号の発行に至ったわけです。その三カ月後、平成二十七年二月に発行した第二号では、静岡県立大学名誉教授で風水学もご専門の高木桂藏先生から、『久能山は日本の風水起点——仕掛けは天海僧正』と題した貴重な寄稿をいただきました。本書でも紹介したように、久能山という山のある位置や御前崎などについて、日本の風水から見た非常に興味深いご教授をいただきました。
平成二十七年久能山東照宮御鎮座四百年大祭の後には、有料版の『余ハ此處ニ居ル——すんぷ特別版』も発売できました。

平成二十八年二月発行の第六号まで休刊となり、営利事業としてうまくいったとはいえませんが、このように大勢の先輩方の力をお借りして、「家康公の体は今も久能山に埋葬されている」という事実を少しずつでも広めることができたのではないかと思います。

歴史が専門外どころか得意科目でさえなかった私が家康公のお墓についてフリーペーパーを発行したり本を書いたりということになった経緯については以上の通りですが、一方で、歴史学がご専門の先生方には、家康公の本当の墓が久能か日光かということの問題にはさほど関心を持たない方が多いようだという話も聞いたことがあります。

そもそもこの問題は、歴史学だけの問題ではないのかもしれません。本書でも『本光国師日記』や『東武実録』など紐解いてはきましたが、文献だけを頼りにしたわけではありません。

文献より重要だと思うことは、まず、徳川恒孝《つねなり》さんが久能山が家康公の墓所であると言われているということ、徳川宗家ご当主として半世紀以上にわたり、毎年家康公の命日に久能山の神廟をお参りしておられるという事実です。

そもそも、ということで先述したように、「廟」は「久能山に築け」というのが家康公の遺言で、日光には「廟」と呼ばれる所がありません。「廟」があるのは久能山だけです。

また、宮司さんが日ごろから「久能山の神廟に眠っていないと言う人は、どうしてこんなに立派なお墓がここにあるのか説明してほしい」と言われているように、文献にどう書かれていようとも久能山に巨大なお墓があるというのが事実なのです。

こういった事実は、歴史学の研究対象となる文献とは矛盾するでしょうから、歴史学の先生方がこの問題への取り組みを躊躇うのもわかるような気がします。

あらゆる文献は、誰かが書いたものです。

その誰かがどんな経緯でそれを書いたのか、どんな立場に立たされていたか、一番優先させたかったことは何だったのか――そういったことが詳らかでない限り、文献の真偽もわかりません。たとえ複数の人が同じことを書いていたとしても、よんどころない事情を共有していたため事実が書けなかったということもあり得ます。特に、政治的な力や、宗教思想が作用していた場合などは、大勢の人によって事実以外のことが書かれてしまうことだってあるでしょう。

最後になってしまいましたが、我が同志であり教師でもある星野弘平さんと桜井明さん、久能山東照宮の皆さん、静岡商工会議所観光・飲食部会の皆さん、そして、平成から令和にかけて、『余ハ此處ニ居ル』をテーマとしたテレビ特別番組を作ってくださった静岡放送株式会社常務取締役の榛葉英二さん、同番組でディレクターを担当してくださった青山彰さん、拙稿を立派な書籍にして全国に送り出してくださった株式会社静岡新聞社編集局出版部長の庄田達哉さんに、厚く御礼申し上げたいと思います。

そしてもちろんのことですが、本書は落合偉洲宮司さん、浮月楼社長の久保田隆さん、そして静岡県立大学名誉教授の高木桂藏先生、静岡鉄道株式会社の平井守さんらの尊いご指導なくしては存在しえないものでした。

本当にありがとうございました。ご指導を無駄にせぬよう、今後も精進に努めたく存じます。

令和元年十二月　　興津　諦

【興津諦プロフィール】

昭和三十五年六月静岡市生まれ。武蔵野美術大学視覚伝達デザイン学科卒。アンガーマネジメント・メンタルトレーニング、観光振興関連業務など、共感を得るためのコンテンツ開発を専門とする。平成六年大修館書店『言語』誌にて、時制や相に表れる認識の根本原理が無意識下に存在することを言語学史上初めて指摘する。平成二十六年『季刊すんぷ』を発行。アドマック株式会社代表。静岡商工会議所観光・飲食部会「余ハ此處ニ居ルプロジェクト」推進委員。日本認知科学会会員。

【著書】

『夢色葉歌 ― みんなが知りたかったパングラムの全て』
『パーミストリー ― 人を生かす意志の話』
『日本語の迷信、日本語の真実 ― 本当の意味は主観にあった』
『余ハ此處ニ居ル ― すんぷ特別版』（アドマック出版）など

【ラジオ番組】

『興津諦のワンポイントチャイニーズ』（平成二十三年～二十四年ＳＢＳラジオ）

興津諦オフィシャルサイト
https://suruga.me
↓

余ハ此處ニ居ル

家康公は久能にあり

二〇一九年一二月二一日　初版発行

著　者／興津　諦

発行者／大石　剛

発行所／静岡新聞社

〒四二二－八〇三三

静岡市駿河区登呂三－一－一

電話〇五四－二八四－一六六六

印刷・製本／三松堂

定価はカバーに表示しています

ISBN978-4-7838-1094-0 C0021